Vorab
wünsche ich dir
eine Insel des Glücks
in einem Meer voller Vertrauen

Erlenstr. 77
CH-8408 Winterthur
e-mail: gomera.verlag@bluewin.ch
Fax: +41 52 222 68 42

Grafik und Layout: Ulrike Künnecke, Berlin
Druck und Bindung: Steinmeier, Nördlingen

ISBN 3-907024-05-2

Herbert Moser

DER GEKLONTE BUDDHA UND SEIN SCHAF

Schöne Grüsse aus dem Leben!

Die Entdeckung
der 22 erleuchteten Schubladen

INHALT

Das Vorspiel

Na endlich!
Jetzt hast du es geschafft, an mich ranzukommen. Du gehst durch deinen Buchladen und die gesamte Weltliteratur steht vor dir. Meine gestaffelten Kollegen von nebenan, geschrieben von den salonfähigen Autoren, sie lassen dich kalt. Nur ich darf mich an deine warmen Hände schmiegen. Du wirst mich an dich reißen, ins Freie stürzen und mich, deinen kostbaren Fund, sicher nach Hause bringen ... Du wirst nicht die Katze streicheln, nicht deinen Partner umarmen, keine Mahlzeit einnehmen – nur mich verschlingen.
Eine runde Zeit im Kreis gedreht: Deine Augen waren glasig geworden, unzählige Gedanken in dir zerbrochen, bis du die Scherben des Glücks klirren hörtest und dein Warten ein Ende nahm.
Nun liege ich in deinen Händen. Du schaust in mich rein und nur zu gerne möchtest du auch noch alle Buchstaben an dich drücken.
Es könnte auch so gewesen sein, dass dich der Zufall zu mir geschickt hat. Nichts geht bei dir zuhause, in der Kneipe geschieht gar nichts und gleich wird es zu regnen beginnen. So stöberst du jetzt im Buchladen und versuchst, deinen düsteren Alltag mit Druckerschwärze aufzuhellen. Es steigt keine Begeisterung in dir hoch, obwohl meine geistvollen Nachbarn einen gewissen Eindruck auf dich machen. Nun blätterst du in mir in dem idiotischen Versuch, deinen Wissensdurst mit Buchstaben zu stillen. Anständig und gebildet wie du bist, stellst du fest: Was du da in deinen gepflegten Pfoten hältst, ist Schundliteratur. Schnell legst du mich ins Regal zurück, bevor du auf dumme Gedanken kommst. Als du dich langsam zu fragen beginnst, ob heute nicht dein Tag sei, wirst du Zeuge, wie

ein Prachtexemplar von einem Bücherwurm erhabenen Hauptes daherstolziert. Dieser steuert zielbewusst auf mich zu, hält inne und verbeugt sich vor mir. Kurz, aber angemessen. Er nimmt mich zu sich, stöhnt dabei leise auf, küsst mein Cover und verschwindet. Du stehst da, mit offenem Mund, sprachlos, und nochmals steckst du deine verschnupfte Nase in meine allgegenwärtige Offenheit.

Geehrter Leser !
In deinen Händen liegt der große Wurf. Herausgegeben von der Erleuchteten Sechserbande: Unter Mitwirkung von Buddha, Aphrodite, Sokrates und einem Affen erschuf HM aus rund 200'000 Buchstaben einen Kosmos des Wortes und Gott sprach: ES WERDE BUCH!
Das war nur der Anfang: Die Mitglieder der Erleuchteten Sechserbande stehen von nun an auf deiner Seite – zur freien Verfügung! Du kannst uns auch besuchen kommen. Wobei es dann an dir liegt, wie du auf die Reise gehst: Gott, Buddha, Aphrodite und Sokrates wohnen im Nirwana, HM hat eine Absteige im Bananenwald des Valle Gran Rey, im Tal des Königs, und der Affe, der eine sie ist, eine junge Schimpansenfrau, lebt im Zoo Zürich.
Wenn du jetzt etwas anderes vorhast, als dich von einer Banane verführen zu lassen, dann schäle dich aus dem Hier und Jetzt! Da du immer noch hier bist, können wir uns gemeinsam aufmachen, den Baum der Erkenntnis zu finden. Wir werden ihn ausreißen, uns darauf setzen und uns zur Insel des Glücks tragen lassen, in einem Meer voller Vertrauen!

25. November 2001
Valle Gran Rey, Gomera
HM

Eine Sehnsucht

Weder rauchst du jetzt eine Zigarette, noch trinkst du in diesem Moment einen Espresso. Weder spekulierst du an der Börse, noch stürzt du im Internet ab. Weder beschäftigst du dich mit dem Tod, noch kommst du als erster geklonter Mensch auf die Welt. Weder zerstreust du dich beim Oktoberfest in München, noch sammelst du dich in einem Zen-Kloster von Kyoto. Weder surfst du auf Hawaii, noch fährst du Ski in Tirol. Weder gibst du in der Zürcher Bahnhofstrasse dein Geld aus, noch spendest du für die Hungerhilfe in Afghanistan. Weder verdrückst du einen Hamburger in einem McDonalds, noch hebst du in einem Drei-Sterne-Restaurant dein Weinglas hoch - falls doch, empfehle ich den Brunello di Montalcino di GAJA 1995.

Was treibst du eigentlich so?

Allein hier bist du, begibst dich jetzt auf eine Reise. Seite um Seite wirst du alle Gesetze, alle Wahrheiten und andere schwere Brocken aufheben, um dir den Weg ins Hier und Jetzt frei zu schaufeln. Im Moment der Gegenwart bist du der Zeit entrückt und die ersten Strahlen des ewigen Lichts scheinen auf dich und du siehst den Weg nach Hause, zurück zum Ursprung ... Ursprung, Ewiges Licht, Gott, Sein, Liebe, Einheit, Paradies, Nirwana ... alles nur Namen für deine Finaldestination im Kosmos. Und ganz unter uns gesagt: Nirwana und all der schöne Zauber ist nicht viel mehr als eine erdachte und herbeigewünschte Wirklichkeit des Menschen – nicht weiter erzählen!

Gott? Paradies? Nirwana?
Die letzte Illusion aller Illusionen!
Oder auch nicht?
Wer weiß das denn so genau?

Das Leben geht weiter, und jetzt mit: DER GEKLONTE BUDDHA UND SEIN SCHAF. Schon eine ganz schön lange Zeit hast du auf der Erde verbracht. Ich schätze mal, dass seit deiner Ankunft ein paar und mehr Jahre ins Land gezogen sind. Und befällt dich nicht ab und zu eine Sehnsucht, dieses gewisse Reißen in dir, wieder zurückzukehren ... zurück in den Ursprung?
Die ursprüngliche Sehnsucht nach dem Paradies ist die Triebfeder deines Daseins. Sie treibt dich zu allen un-möglichen Taten an. In der Absicht, dich auf eine ganz bestimmte Schiene zu bringen, auf der du abfahren kannst ... zurück oder vorwärts zum Ursprung. Wer ohne Sehnsucht ist, gibt sich im Moment der Gegenwart hin oder er hat sich vom Leben verabschiedet. Und wer Sehnsüchte hat, kann versuchen, sie zu befriedigen. Hast du Appetit auf Sex, versuchst du deinem Partner nahe zu kommen, um deine Sehnsucht nach Vereinigung einzulösen. Gleichwohl kannst du die Sehnsucht nach dem Paradies einlösen, indem du das Hier und Jetzt ab und zu an dich ranlässt. Die Sehnsüchte kannst du auch vor dir herschieben oder auf deine große Warteliste setzen, falls noch Platz vorhanden ist zwischen all deinen nicht ausgelebten Träumen und Bedürfnissen!

Das Staunen

Betrachte das Leben als ein Mosaik, bevor du dich aufmachst, die 22 Schubladen in Besitz zu nehmen. Das Lebensmosaik kommt dir vielleicht zu bekannt vor. Auch gute Bekannte sieht man immer wieder gerne! Und gut bekannt ist das Lebensmosaik für seine bunte Vielfalt, ausgeschmückt mit unzähligen Mosaiksteinchen. Im Leben hat jedes dieser Steinchen seine Bedeutung, also auch eine Existenzberechtigung. Oft scheint es dir, als würden dir unnötige Steine in den Weg gelegt werden. Und es passt. Im Hier und Jetzt bist du mit jedem Steinchen, das für das ganze Mosaik steht, einig: Keines ist besser oder schlechter als irgendein anderes. Entsprechend deiner Lebenssituation wirst du gewisse Steinchen bevorzugen und andere von dir weisen. Nichtsdestoweniger stellst du selbst in jeder Situation das ganze Lebensmosaik dar.
In der Weile der Langsamkeit machst du dich auf, die 22 Schubladen zu entdecken. Vorerst nimm den Schrank, in dem dein Kosmos untergebracht ist. Jeder hat Schubladen im Leben wie Erleuchtung, Missbrauch, Diebstahl, Geld, Freiheit, Hingabe, Eifersucht, Hass, Liebe, Angst, Atheismus, Religion, Wiedergeburt, Askese. Deinem Bewusstseinszustand entsprechend versuchst du, sie zu öffnen oder zu verschließen. Gewisse Schubladen entziehen sich immer wieder deiner Kontrolle. Einfach von selbst brechen sie auf. In aller Regel sind dies Schubladen, die du zu gerne verdrängst: Lustlosigkeit, Armut, Krankheit, Einsamkeit,

Verlust, Tod. Andere wiederum, die du erobern möchtest, klemmen oder lassen sich überhaupt nicht bewegen: Erotik, Reichtum, Gesundheit, ewige Jugend. Mitunter tauchen trügerische Schubladen auf, von denen du glaubst, sie seien verboten. Klar, diese Schubladen sind erlaubt. Ein Verbot gilt lediglich für dich. Was für dich gesetzwidrig ist, kann für einen Anderen richtig gesetzt, also gesetzlich sein - und umgekehrt.

Viele Menschen verlieren sich im Spiel der Schubladen, wagen es nicht, jede zu öffnen. Kein Vertrauen haben sie, ihr Leben in allen Schattierungen zu sehen. Wer seine Schubladen von der ersten bis zur letzten geöffnet, ihren Inhalt gekostet und verdaut hat, schaut wie ein Baby in die Welt, staunend und lächelnd, ohne dass er gleich in die Windeln macht - eine saubere Sache.

Dein Blumenstrauß

Erobere jetzt den Schrank des Lebens! Als erster Krieger der Erleuchteten Sechserbande gehe ich voran – und du kommst mit!
Vorweg lade dich schnell mit kosmischer Energie auf; wie das geht, weiß jeder Salatkopf. Du brauchst Phantasie, Mut und Kraft, um im Hier und Jetzt anzukommen. Mehr als ein Leser ist von den 22 Schubladen überfahren worden, als er sie dann schnell zumachen wollte, klemmte er sich immer wieder den gleichen Finger ein und hat eine ziemlich schlechte Laune bekommen. Es liegt mir fern, meine Leserinnen zu verletzen, doch trage ich auch kein Verbandszeug mit mir herum. Die Realität ist ein Horrorfilm und viele mögen Horrorfilme, solange sie darin nicht selbst mitspielen müssen.
Geschädigte Leserinnen haben dem Autor schon einiges vorgeworfen. Zum Beispiel: Er male alles in Schwarz-weiß. In einer Hinsicht haben sie recht; das Papier ist weiß, die Tinte schwarz. Und das Leben ist bunt, es verträgt alle Farben der Wahrheit. Es gibt kein Entweder-oder, sondern immer nur ein Sowohl-als-auch. Wenn diese Welt das Sowohl zu stark betont, stelle ich ihr das Als-auch gegenüber, und umgekehrt. Bei zuviel Rosa stell ich einen Kaktus rein, wenn graue Wolken vorherrschen, lass ich die Sonne scheinen. Jeden Tag hält das Leben einen bunten Blumenstrauß für dich bereit. Kürzlich habe ich in einem Garten des Kosmos leuchtende Blümchen und fleischfressende

Orchideen entdeckt. Ich habe sie gepflückt, mitgebracht und ins Wasser gestellt – und die Vase steht vor dir. Jetzt liegt es in deiner Hand, die Blumen auszusuchen, um *deinen Blumenstrauß* zu entdecken; und du wirst aufblühen – im Duft der bunten Wahrheiten ist noch keiner verwelkt.

GESELLSCHAFT

Die Vorschau

Wer den Gestank
der Fäulnis nicht riecht
bleibt im Mist stecken

Wir gehen an den Schrank und rütteln und ziehen an den Schubladen. Sollte er dabei umfallen - macht das gar nichts. Besorg dir einen neuen Schrank, dessen Schubladen sich reibungsloser bewegen lassen. Unsere ersten Schubladen repräsentieren die acht bestorganisierten Gemeinheiten der Welt: Kirche, Politik, Krieg, Schulmedizin, Geld, Justiz, Erziehung und der 10. September. Wir sollten uns vorsehen: Menschengroße Ratten hausen in diesen Schubladen. Sie avisieren alle dasselbe Ziel: die Aufrechterhaltung unserer Gesellschaft. Ihr Schrank ist morsch geworden, allseits von Würmern durchbohrt. Wir werden diese Würmer aus dem Holz herausklopfen, sie an der Lebensrute aufknüpfen, sodann gehen wir mit ihnen die Weisheit angeln. Vorab werden wir unsere haarsträubende Gesellschaft nicht nur ein wenig am Pelz kitzeln. Wir reißen ihr alle Organe aus dem Leib, drehen sie durch den Fleischwolf, so dass jeder aufheulen möge.

Ist es der Weisheit dienlich, dass du die Menschen verurteilst?,
fragt jetzt Sokrates aus dem Nichts.
Ist es der Weisheit abträglich, der Wahrheit zu dienen und die Dinge beim Namen zu nennen?,
fragt HM.
Es macht keinen Sinn, die Welt zu verurteilen, wenn man selbst dazugehört. Wenn du dich annimmst, bekommst du mehr - nur so steht dir die Welt offen. Dabei ergründest

du deinen Körper, dein Denken, dein Fühlen, dein Handeln und deine Umgebung. Ihr gehört untrennbar zusammen, die Umgebung und du. Zusammen bildet ihr ein Ganzes, so etwas wie eine hypermultidimensionale Persönlichkeit. Die Gesellschaft gehört auch dazu, wenn du dich aus ihren Klauen befreist, verlierst du einen Teil deiner Persönlichkeit. Das Ego teilweise loszulassen, ist schon eine feine Sache, aber im Moment nicht angesagt. Zuerst musst du wissen, wer du bist und was alles zu dir gehört. Wer mit Hirngespinsten sich in eine heile Welt einspinnt, um sich scheinbar von der Umgebung abzuseilen, ist ein Spinner.
Und wir misten die Schubladen der Gesellschaft aus, so dass jeder seinen Misthaufen entsorgen kann.

Kirche

Wenn ich den Papst so seh
braucht er für sich
einen nachsichtigen Gott

Ich glaube nicht, dass du Lust hast, jetzt in die Kirche zu gehen. Falls doch, empfehle ich dir, deine eigene Religion zu gründen: Die Religion des Hier und Jetzt. Das ist reine Glaubenssache, glaub mir. Bau auf dein Hier und Jetzt, so bist du jeden Tag in der Kirche. Im Moment der Gegenwart erinnerst du dich an den Ursprung allen Seins: Wo alles anfängt und alles aufhört, wo das Ende der Anfang und der Anfang das Ende ist, wo das Kind zum Greis und die Greisin zum Kind wird, wo das Gute und Böse sich im Tango wiegen. Einfach im Moment der Gegenwart, wo alles miteinander und gegeneinander immer eins und gleich gültig ist – aber nicht gleichgültig. Ruhst du in deiner Mitte, dann bist du die Religion: Du glaubst an dich selbst. In der Mitte des Seins, im Ursprung, sind alle Schubladen aufgesprungen.

Im Hier und Jetzt setzt du dich über die weltlichen Gesetze hinweg. Werde gesetzlos! Als guten Anfang kannst du dich jetzt hinsetzen, einen Würfel nehmen und ihn mit verschiedenen Lebensrollen besetzen wie Täterin, Opfer, Vegetarier, Allesfresser, Krieger, Pazifistin. Würfle einmal und dann immer wieder. Nach jedem Wurf versetz dich in deine neue Lebensrolle. Leb sie aus. Eines Tages wirst du deinen Würfel neu besetzen ... und so rollst du immer weiter im Leben. Irgendwann werden alle Rollen in ein Leben münden, in dessen Strudel Täter, Opfer, Vegetarierin, Allesfresserin, Kriegerin, Pazifist sich gegenseitig aufheben.

Und du hebst ab ... zu dir selbst ... in den Ursprung!
Das ist die Religion des Hier und Jetzt!
Hast du noch Fragen ?
Mach deinen eigenen Rock'n'Roll im Hier und Jetzt, du wirst lächeln und weiterfragen.

Was wäre das Hier und Jetzt ohne Sex ?
Also zünde das Feuer unter deinem Hintern an und lass die Sexualität explodieren. Mit der Rakete der Liebe düst du ab in den Himmel, mit oder ohne Weihrauch. Wenn du im Bett Raum und Zeit vergisst, erinnerst du dich an den Ursprung. Sexualität ist der Zündstoff jeder Religion. Tief unten in deinem Becken liegt ihre Basis. Lass dich von der Lust verführen und folg ihr nach; sie führt dich zur allumfassenden Liebe.
Und so ganz nebenbei gefragt: Möchtest du Gott begegnen?
So fick dich mit deinem Partner hoch! Rein ins göttliche Bewusstsein ... ab ins Himmelbett, wo ihr mit Gott im Bett sicher auch noch ein Frühstück bekommt.
Ist dir diese Nummer zu heiß?
Oder ziehst du es vor, mit deinem Partner allein im Bett zu sein?
Das ist sicher auch eine geile Affäre, denke ich. Ich kann mir nicht vorstellen, daß Gott was dagegen hätte oder gar eifersüchtig werden würde. Gleichwohl kannst du im Sex Gott nahe kommen. Das ist Religion.
Ich glaube nicht an Gott!,
sagen die Atheisten.
Es lebte mal ein Menschenkind, das glaubte an den Osterhasen, und der glaubte an den Storch, und der wiederum glaubte an Gott, und Gott selbst glaubt immer noch an den Mensch. Religion ist Glaubenssache!
Sex und Religion: ein Liebespaar, bis in alle Ewigkeit. Die Hochkulturen, wie diejenigen der Alten Inder, wussten

sich daran zu erinnern. Im Hinduismus ist Sexualität etwas Heiliges und ein notwendiges Vergnügen! Denn für das Wohlergehen des Körpers ist Liebe so notwendig wie Speis und Trank. In den Tempeln wurden die erotischen Bilder der indischen Liebeskunst verewigt, und sie zeugen von einer Geilheit, die bis zum Himmel spritzt.
Über die körperliche Ebene hinaus kann Sexualität vergeistigt werden, wenn du den Power des Sex wie eine Schlange in deinem Rückgrat hochsteigen lässt. So scharf du unten bist, so klar kannst du oben im Kopf werden. Kundalini nennt sich das. Wie du dich erhöhen und läutern kannst, darüber existieren zu viele geistvolle Theorien und komplizierte Übungen. Das Reinste und Feinste: Bring das Leben zwischen deinen Beinen auf die Reihe! So ist auch der Weg nach oben frei; die Läuterung geschieht von selbst. Einzig die Klemmer des Sex *müssen* sich um Kundalini bemühen - nicht nur ihr Rückgrat klemmt.
Wer die Liebe erniedrigt, wie will der sich selbst erhöhen?

Nun wenden wir uns der katholischen Kirche zu. Wir horchen rein und fragen mal nach, was sie zu Gott und Sex meint. Seit jeher bekämpft diese Kirche die körperliche Liebe und missbraucht die göttliche Sexualität für ihre Heilslehren. Gott im Sex bleibt stark, auch wenn dies verdrängt wird. Geistliche holen sich in jungen Jahren einen runter und in ihren alten Tagen schielen sie auf die Brüste ihrer Haushälterin. Bischöfe und Kardinäle suchen Befriedigung in Speis und Trank - ohne wahren Genuss. Jede Sau lebt besser; kein schlechtes Gewissen plagt sie beim Fressen; Kirchenvertreter sind verdreht, sie kommen Jesus nicht nahe. Wie ist Religion nur über das Wichsen, Essen, oder Studieren erlebbar? In Wahrheit ist die Diskrepanz zwischen den Lehren der Kirchen und Aussagen Jesus höher als jeder Kirchturm.

Und wie verhalten sich die Gläubigen?
Sie entrichten Kirchensteuer - die Kirche soll schön im Dorf bleiben! Nicht nur Heuchler sind sie, wenn sie ihre Lügen in ein Gebet verwandeln, sondern auch aufgehängte Schafe. Sie hängen am Lügenstrick der Kirche.
Die katholische Kirche, eine Sekte für sich, bringt es fertig, ihren eigenen Gott zu designen. Ihr Produkt reist als christlicher Sektenführer fleißig in der Welt rum, um die Lehren des Katholizismus von der Vergangenheit in die Zukunft hinüber zu retten. Als hochangesehener Repräsentant der westlichen Welt wird der Papst weder von der CIA, dem FBI noch von der Nato zur Strecke gebracht, obwohl er mehr Unheil in die Dritte Welt bringt, als jeder islamische Terrorist in die Westliche. Die Dritte Welt bedarf ja keines besonderen Schutzes, mal abgesehen von den bedrohten Tierarten, von denen noch zu wenige in den Zoos ausgestellt sind.

Die Kirche selbst stellt für die Erotik keine Gefahr dar.
Ihre Vertreter verbuchten nie endgültige Erfolge mit der Verbannung der Erotik. Alles kannst du auslöschen auf der Welt, nur eines nicht: das Licht der Liebe. Scheinheilige wie Würdenträger, Theologen, Nonnen, Mönche haben ein Problem. Ihre Schublade Erotik klemmt - sie haben sich selbst eingeklemmt. So fragen wir uns in christlicher Nächstenliebe:
Ist diesen unglücklichen Kreaturen noch zu helfen?
Hat nicht jeder eine letzte Chance verdient?
Sind vor Gott denn nicht alle gleich?
Könnte man bei diesen Oberkatholiken eine spezielle Therapie ausprobieren?
Vielleicht sowas wie eine Sextherapie?
So ziehet euch alle nackt aus und machet euch bereit für die erste Probe des neuesten Sexfilmes von RTL2!, verkündet also jetzt die Liebesgöttin Aphrodite.

Das scheint eine primitive Behandlungsmethode zu sein, doch manchmal muss man im Leben ganz unten durch.
Wenn jetzt der Autor den religiösen Frieden gestört hätte, würde er sich strafbar machen. Er wäre in bester Gesellschaft; ein anderes Mitglied der Erleuchteten Sechserbande wurde schon wegen Götterlästerung angeklagt: Sokrates.
All die Gotteslästerer, die im Gehege der Gesellschaft zuhause sind und die Schöpfung der Natur belästigen und missbrauchen, laufen immer noch frei herum. An ihrer Stelle wurden die Tiere eingesperrt. Und es entzieht sich meinen Kenntnissen wie Hühner, Schweine, Schafe, Rinder ... sich strafbar machen können.
Haben diese armen Geschöpfe vielleicht keine Kirchensteuer bezahlt?
Sind die Schweine vielleicht nicht mächtig, die Bibel zu lesen?
Oder ist das einfach eine ganz große Schweinerei?
KEINE MORAL BITTE ! Richtig, im Hier und Jetzt hat die Moral nichts zu sagen. Der Autor selbst steht mit seinen schönen Beinen über solchen Dingen wie Gut und Böse, soviel in eigener Sache.
Kann man so einen Autor noch ernst nehmen?,
fragt sich jetzt eine Leserin, die seine Beine noch nicht gesehen hat.
Der Moral reden nur Scheinheilige das Wort: Bis zum Hals stecken sie im eigenen Mist und nehmen noch den Mund voll. Und *von wem* lässt du dir noch was sagen?
Von der Kirche? Der Gesellschaft? Von Gott? Oder von dir selbst?

Politik

Bestenfalls sind Politiker unerotisch, verlogen und geschwätzig
In der Regel aber sind sie hirnrissig, machtgeil und gefährlich
Brüssel, Berlin, Bern, Jerusalem, Moskau, Washington
heben diese politische Tatsache jeden Tag hervor

In der Politik wird regiert und gelogen im Namen des Volkes. Ihre faulen Beschlüsse zersetzt mit Kompromissen, stellen immer wieder eine neue Gefahr für die Öffentlichkeit dar. Diese einfache Tatsache ist für das allgemeine Volk nicht immer durchschaubar, weil unsere Gesellschaft so schön verdreht ist:
Klaut eine einsame Tussi eine Packung Gummibärchen, um nicht mehr allein zu sein, wird sie angezeigt.
Verführen sich zwei Kinder, um in dieser kalten Welt körperliche Wärme zu spüren, werden sie getrennt.
Bringt ein Sprayer ein bisschen Leben an kahle Betonbauten, muss er dafür bezahlen.
Schließt ein aufgeschlossener Mensch einen Tresor auf, um den Besitz dieser Welt umzuverteilen, wird er eingeschlossen.
Wenn nun die feinen Damen und Herren in Brüssel ihre neuesten Gemeinheiten auf halb Europa ausdehnen, werden sie nicht in die Wüste geschickt oder auf den Mond geschossen. Stattdessen bekommen die feinen Täterinnen ein sattes Gehalt, hohle TV-Auftritte und mehr.
Das volle Vertrauen haben sie verdient im Namen der Gesellschaft. Die Volksvertreterinnen haben ihren Auftrag erfüllt: Unsere barbarische Gesellschaft am Funktionieren zu erhalten bis zum „geht nicht mehr", auch wenn die Natur das nicht mitmacht. Das ist Politik! Ein Schmetterling, eine Blume mehr oder weniger, wen interessiert das schon?

Und das Rind steht auch nicht mehr auf der Wiese, es hat andere Sorgen.
Gott sei Dank steht die Natur über der Politik. Sie weiß sich zu wehren und hält noch viele Überraschungen für uns bereit. Naturgesetze entbehren jeglicher politischen Grundlage. Die Schöpfung ist der Politik stets überlegen, da kann man soviel gesundbeten wie man will. Politik und Natur scheinen füreinander nicht geschaffen zu sein. Politisches Kalkül gepaart mit Gottes Natur, ergibt kein harmonisches Liebespaar. Kein gemeinsames Frühstück im Bett - zu unappetitlich ist die eine Seite.

Wer die Natur mit Füßen tritt
muss sich nicht wundern
wenn er eins auf den Schädel kriegt

Unbeirrt setzt die politische Wirklichkeit Dinge in die Welt, die auf keine Kuhhaut gehen. Hast du schon mal von der Industrialisierten Landwirtschaft gehört? Wenn nicht, kommst du von einem anderen Stern. An deiner Stelle würde ich schnell eine virtuelle Telefonzelle aufsuchen und mich wegbeamen ... der Außerirdische ist weg und wir sind immer noch hier.
Allein diese Bezeichnung „Industrialisierte Landwirtschaft“ könnte einen wahnsinnig machen. Dieser Wahnsinn hat einen neuen Namen bekommen: BSE. BSE = Berta-Susi-Erika, wenn ich mich richtig erinnere, hießen in etwa auch so die glücklichen Rinder, die einst auf einer saftigen Wiese grasten. Berta Susi Erika. Wie haben sich die Zeiten geändert! BSE soll für eine neue tödliche Seuche stehen. Eine Krankheit voller Rätsel, wenn man den Medien glauben darf. Die Elite der Forscher hat sich auch drauf gestürzt, während die Politiker argumentieren und das Volk immer noch sein Fleisch will.

Und wo liegt das Problem?
Wenn ein Bauer nur so viele Tiere halten dürfte, wie er sie mit eigenem Futter versorgen könnte? Mehr als genug Land wäre vorhanden, wenn er alle seine Felder bewirtschaften würde. Nur diese Flächen liegen teilweise brach, damit er seine Subventionen aus Brüssel einstreichen kann. Wie jeder Hornochse sieht, kann man das Problem BSE beseitigen, und das Tiermehl ist dann auch weg vom Tisch.
So grasen wieder glückliche Rinder auf der saftigen Wiese und schauen den Schmetterlingen nach ...

Jeder der Fleisch essen will, soll auch sein Tier selber töten - wir hätten Millionen von Vegetariern!,
meint eine junge Schimpansenfrau. Sie sitzt im Zoo Zürich und schält jetzt eine Banane.
Ist es der Weisheit dienlich, wenn der Mensch zum Vegetarier wird?,
fragt Sokrates.
Die Weisheit ist keinen Salatkopf wert, wenn der Mensch dem Tier die Würde nimmt. Wer den Kühen Tiermehl mit Heublumenaroma verfüttert, soll nicht nur seinen Geburtstagskuchen aus Menschenmehl gebacken bekommen,
schreibt jetzt HM aufs Papier.
Aber hören Sie doch auf damit! Der Mensch steht über dem Tier!,
doziert nun ein sehr bekannter Professor für Ethikfragen.
Wenn ich mich nicht täusche, darf dieser Ethikmensch im nächsten Leben als Fruchtfliege auf die Welt kommen.,
denkt mal Buddha so für sich.
Buddha täuscht sich selten!,
spricht jetzt Gott und lächelt.

Die Gesellschaft wacht nicht auf, das kollektive Bewusstsein liegt im Halbkoma. Alle ihre Manifestationen, die Politik, das Gesundheitswesen (Wer ist denn da gesund?), der Straßenverkehr und so weiter sind äußere Entsprechungen ihres inneren Krankseins. Die gesellschaftlichen Auswirkungen sind mannigfaltig und ihr Dahinvegetieren zeigt sich überall mit großer Intensität. So unnatürlich wie der Gesellschaftsmensch mit der Natur umgeht, benimmt er sich in seiner Politik, im Sex, in der Arbeit und beim Essen.

Wir wagen uns schnell in die Lebensmittelabteilung eines Supermarktes und riskieren ein Auge auf das Warenangebot. Was du da siehst, sind keine Lebens-Mittel, sondern Todesmittel. Unreife, verfaulte, verseuchte, raffinierte, pasteurisierte, tiefgefrorene, sterile, künstliche, genmanipulierte Esswaren werden in netter Umgebung angeboten. Kannst du noch riechen, schmecken, tasten und sehen, wirst du wenige Lebens-Mittel entdecken. Gleichwohl kannst du ein Feinschmecker bleiben, aber dies ist ein völlig anderes Thema.

Im Tempo der Zeit verderben die Früchte der Zivilisation. Ihre Fäulnis gärt in der Wursterei, in der Molkerei, in der Eierfabrik wie an allen anderen Orten. Ebenso stinkt es in der Politik. Ihre Darsteller treffen keine sauberen Entscheidungen, da sie den A... vom Volk abwischen müssen, um auf einen Wahlzettel zu kommen. Was dabei rauskommt, gehört auf den Misthaufen unserer Zivilisation.

Politiker sollten eine Lebenserwartung von mindestens 1000 Jahren haben, der Welt wäre besser gedient. Sehr bedacht würden sie ihre Entscheidungen überlegen, wie sie beispielsweise mit den Ressourcen der Natur umgehen, wenn sie viele Generationen später noch dafür geradestehen müssten.

Bevor die Natur
aufhört zu atmen
erstickt der Mensch

Vor einer Generation sind die Grünen in die politische Landschaft eingezogen. Unentwegt haben sie sich für die Würde des Menschen eingesetzt und sich stark gemacht für die Natur. Inzwischen pflücken sie selbst die Früchte der Macht, nicht nur in der Innenpolitik, sondern auch in der großen Welt der Außenpolitik. Wie ihr Name verspricht, stehen die Grünen der Natur näher als ihre Gegenspieler und können schon den Gestank des Mistes riechen. Statt sich stark zu machen für die Rettung des letzten Ameisenhügels oder gegen den Anbau der Anti-Matsch-Tomate oder gegen die sexuelle Ausbeutung der Osterhasen sollten sie sich ehrlicher über den eigenen Mist hermachen.

Wir verbleiben in der Nähe der Botanik, da ich dir eine echte Alternative zur herkömmlichen Politik anbieten möchte. Die Apfelbaumpolitik! Die verdorbene Gesellschaft kann man gut mit einem kranken Apfelbaum vergleichen. Bedien dich jetzt und setz einen seiner faulenden Äpfel neben einen gesunden Apfel. Ist jetzt der kranke Apfel noch zu retten? Die einzige Chance, die er hat: Ganz zu verfaulen. Erst dann kann einer seiner Kerne Wurzeln schlagen und zu einem neuen gesunden Apfelbaum erblühen. Ebenso muss unsere Gesellschaft ganz verfaulen und vergehen, bevor eine Neue gedeihen kann.
Womöglich möchtest du schon mal vorgehen. Im Misthaufen der Gesellschaft kannst du jederzeit neue Wurzeln schlagen und dann noch Knospen tragen. Du musst den Moment der Gegenwart an dich ranlassen! Wie das geht, wirst du schon noch sehen. Im Hier und Jetzt bekommst du eine neue Wahrnehmung, die auf dein Wohlbefinden

und deinen Körper einwirkt. Deine äußeren Abwehrkräfte werden auch gestärkt. Das beste Mittel gegen die Verderbnis unserer Zeit: Das Hier und Jetzt macht dich immun gegen die kranke Gesellschaft. Wenn du selbst ganz verfault warst und dann zu keimen beginnst, können dich faule Äpfel nicht mehr anstecken - soviel zur Apfelbaumpolitik.

Krieg

Wenn Frauen
besser wären
als Männer
gäbe es
keinen Krieg

Wer das Militär befürwortet, ist ein potentieller Gewalttäter, zudem hat er das Zeug zu einem Schlappschwanz. Ein liebesfähiger Mensch braucht keine Kanone, um bumsen zu können. Dennoch gibt es immer mehr von diesen Schlappschwänzen, irgendwie scheinen sie potent zu sein. Sie vermehren sich. Laut Umfragen befürwortet eine absolute Mehrheit der Männer und Frauen das Militär. Wenn die Frauen sich auch dafür stark machen, sollen sie, bitte schön, selbst zur Waffe greifen. Einfach feige zu kneifen, den Männern im Krieg den Vortritt zu lassen, um sich im Nachhinein als Kriegsopfer zu profilieren, ist keine feministische Heldentat. Ein trauriges Theater, das keine Träne wert ist.
In Afrika stehen die Frauen noch zu ihrer Kriegslust. Der Autor selbst hatte das Vergnügen, dies am eigenen Körper zu erfahren. Also jetzt eine kleine Geschichte, wie sie das Leben schrieb, über wilde Frauen, schlappe Männer und ein bekopptes Abenteuerpaar.
Es geschah im Jahr 1975, als HM mit einer schönen Ex aus dieser Zeit in Nordtansania einige Tage verbrachte, in der Absicht einem Stamm der Massai zu begegnen; ein kriegerisches Volk, auch bekannt für seine stolze Schönheit. In Arusha setzten wir uns in einen blauen Käfer, kurvten um den schneebedeckten Kilimandscharo, dann fuhren wir auf der Piste geradeaus. Irgendwo im Nirgendwo tauchte ein Zebrastreifen auf, der uns zum Anhalten zwang. Er be-

wegte sich, wir stiegen aus und der Zebrastreifen galoppierte zu seiner Herde. Eine Elefantenfamilie folgte nach, in schwerfälliger Eleganz überquerte sie die Piste. Ein Blick weiter nahm eine Schar Giraffen ihr Mittagessen ein, sie standen um einen Baum, den sie entlaubten. HIGH NOON! Wie von der Erde ausgespuckt, erschienen die Massai. Die schönen Wilden umzingelten uns. Die ockerfarbene Erde glänzte auf ihrer Haut, die mit Ziegenfett gepflegten Haare waren zu Zöpfen zusammengeflochten und ihr Schmuck war auch echt. Wir schossen wenige Bilder, und als sie dafür viele Scheine wollten, löste das bei uns ein hartnäckiges Kopfschütteln aus. In der Glut der Steppenhitze hielten die Männer ihre Speere schlapp in der Hand, aber die Frauen wollten mehr. Ein bisschen Blut musste es schon sein. Mit viel Kriegsgeheul fingen sie an, im Kreis zu tanzen und feuerten ihre Männer an, ihre Speere wie erigierte Schwänze auf uns zu richten, um diese scharfen harten Dinger in unsere Oberkörper zu stoßen. Als die Männer angesetzt hatten, diesen Befehl auszuführen und sich unsere T-Shirts schon leicht rot färbten, trat unser Schutzengel in Erscheinung:
Auf der Piste raste eine Staubwolke auf uns zu, die Wolke stoppte, der Staub legte sich; zum Vorschein kam ein roter Landrover. Ein Weißer stieg aus, sah aus wie ein englischer Großgrundbesitzer, der Tropenhelm stand ihm gut und ein Gewehr hing über seinen Schultern. Die Massaifrauen stellten ihr Kriegsgeheul ein, tanzen wollten sie auch nicht mehr, ihre Männer zogen widerwillig ihre Speere raus und HM und seine Ex nahmen einen tiefen Zug aus dem Hier und Jetzt, zündeten sich eine Marlboro an. Nachdem sich der Tropenhelm-Mensch ein eigenes Bild gemacht hatte, deutete uns der vermeintliche Schutzengel an, dass erst kürzlich zwei englische Ladys in dieser Gegend aufgespießt wurden, und dass wir jetzt besser daran täten, ein Lösegeld zu bezahlen! Wir glaubten ihm aufs

Wort, legten die Scheine hin, setzten uns in den Wagen und gaben Gas - rein ins nächste Abenteuer. Am Morgen danach bewegten wir uns auf eine gereizte Nashorndame zu, die es mit jeder Kampflesbe aufgenommen hätte. Soviel über Frauen und den Rest der Welt.

Unsere Gesellschaft ist ein Spiegelbild des Krieges. In ihren Zellen, den Familien, ist es um den Frieden schlecht bestellt. Immer geht es um Macht. Seit jeher bekriegen sich Mann und Frau und stellen noch Kinder in die Welt, die dafür sorgen, dass es genauso weitergeht. Der Krieg hat schon immer zum Leben gehört. Der Mensch ist ein aggressives Wesen. Vor hunderttausend Jahren sind wir mit Steinäxten aufeinander losgestürmt. Unsere Feinde machten wir kalt, schmorten sie überm Feuer und dann aßen wir sie auf - als Geste der Versöhnung? Zugleich mussten wir uns vor den wilden Tieren schützen und gegen die Naturgewalten ankämpfen. In der heutigen Zeit benehmen sich die Völker mehr oder weniger zivilisiert. Zuerst redet man miteinander, um zu verhindern, dass man sich gegenseitig ins Jenseits befördert.
Wohin nun mit den menschlichen Aggressionen, die früher ausgelebt werden konnten?
Der zivilisierte Mensch hat sie verdrängt. Als großer Verdrängungsspezialist unterdrückt er noch andere Dinge, wie Angst, Lust, Krankheit und Tod. Seine Verdrängungen rebellieren ständig in ihm und bringen neue Schlachtfelder hervor. Er schaut weg. Den Krieg auf der Straße, im Kranken-Haus, im Bett und im Job ignoriert er.
Der Autofahrer ist ein schwerbewaffneter und gepanzerter Krieger. Sein Feind kann schon ein Waldweg sein (kein Durchkommen!) wie auch der Rest der Natur.
Der Schulmediziner ist ein mit Giftspritzen ausgerüsteter Krieger. Sein Feind ist die Gesundheit. Von gesunden Menschen kann kein Arzt leben! Keine Regel ohne Ausnahme:

In China gab es eine Zeit, in der ein Arzt bezahlt wurde, solange der Patient gesund blieb.
Frau und Mann sind Krieger. Ihr Feind ist das eigene Selbst.
Wer nicht glaubt, dass sie mit dem Alltag auf Kriegsfuß stehen, soll die Visagen der menschlichen Roboter inspizieren, wenn sie zur Arbeit abkommandiert wurden. Tagtäglich wird ein neuer Kampf ums Überleben ausgefochten.
Sowas nennt sich Zivilisation = Lebensverfeinerung.
Der Untergang unserer Zivilisation kommt. Dagegen ankämpfen macht keinen Spaß. Schon die Hochkulturen, die mit der Schöpfung mehr oder weniger in Einklang schwangen, waren am Rad von Tod und Leben angekettet.
Oder glaubst du etwa, dass ausgerechnet der jetzige Mensch einen Freibrief hat?

Nur du selbst kannst frei werden. ALSO SEI EIN KRIEGER!
Ein echter authentischer Krieger! Bekrieg dich selbst! Deine Verdrängungen, deine Verklemmungen, deine Angst (vor dir selbst?), deine Lügen, deine kleinen Gemeinheiten und deine Feindbilder, sie alle sind DEINE FEINDE. Sie warten darauf, von dir besiegt zu werden. MACH SIE ALLE!
Wer zu feige ist, gegen sich selbst anzutreten, kann seinetwegen in eine Hilfsorganisation gehen, um anderen beizustehen. Lieber den anderen helfen, als gar keinem. Amnesty International, Greenpeace ... können an der Oberfläche schon etwas bewirken. Hilfsorganisationen bekämpfen die Symptome des gesellschaftlichen Wahnsinns, auch wenn sich ihre Leute in eigener Sache in die Hose machen.
Ist das nicht nach deinem Geschmack?
So besieg deine inneren Feinde, und du wirst dich auf den Schlachtfeldern der Gesellschaft nicht mehr verlieren.

Dazu gewinnst du einen neuen Freund in dir: Den Frieden mit dir selbst!

Wer sich besiegt
verliert seine Feinde

Schulmedizin

Die Schulmedizin schlägt wie ein Vorschlaghammer
Dein Körper ist empfindsam wie ein Klavier
Wer ist der beste Pianist?
Du!

Die Schulmedizin steht der Kirche, dem Straßenverkehr, dem Krieg und dem Sex des Mistkäfers in nichts nach. Wie allgemein bekannt ist, ist unsere Gesellschaft ein großer Misthaufen, und die Mistkäfer darin repräsentieren die Bürger. Der Mist der Gesellschaft deckt alle Bereiche des Lebens zu, ebenso gärt es in der Schulmedizin. Manche Patienten stecken bis zum Hals in diesem Misthaufen und glauben, die Luft sei rein und sauber, nur weil sie im Moment künstlich beatmet werden. Und was wäre die Schulmedizin ohne ihre Ärzte?
Die Pathologen, die darauf spezialisiert sind, gestorbene Kranke zu sezieren, meinen, dass 50 % aller zu Lebzeiten gestellten Diagnosen falsch sind.
Einer der größten Pharmakonzerne gibt zu, dass nur 30 % aller Krankheiten sich mit schulmedizinischen Mitteln behandeln lassen.
Ein angesehenes medizinisches Institut behauptet, dass die Schulmedizin Schuld sei an: 6 % aller Krankheiten mit Todesfolgen, 25 % aller organischen Krankheiten, 61 % aller Missbildungen und 88 % aller Totgeburten. Die Wahrheit ist sicher um einiges schlimmer; es gibt immer wieder Ärzte, Professoren, die sich mit Grauen von der Schulmedizin abwenden, und ihre Ansicht ist, dass die Hälfte aller Krankheiten durch schulmedizinische Massnahmen erst hervorgerufen wird.
Der moderne Mediziner stellt nicht nur falsche Diagno-

sen, sondern verwandelt auch akute Krankheiten in ein chronisches Leiden: Keine vielversprechende Behandlung ist es z.B. mit Antibiotika oder Cortison Symptome zu unterdrücken. Der Körper wird sich wehren: Unterdrückte Symptome rufen neue hervor. Bei gewissen schweren Krankheiten können Antibiotika oder Cortison das Mittel erster Wahl sein. Nur diese Medikamente gehören nicht in die Hände des Arztes, wenn du mit Husten, Grippe, Magengeschwür, Ekzem ... daherkommst.
Bestenfalls kann dir der Arzt eine richtige Diagnose stellen, was immer seltener der Fall ist, da die moderne Medizin fortlaufend neue Krankheiten „erfindet". Und wenn ein Arzt nicht nur gut zuhören kann, sondern auch noch den Durchblick hat, grenzt das an ein medizinisches Wunder! Womöglich hast du „das große Glück" wenigstens einmal in deinem Leben eine richtige Diagnose zu bekommen. Das wäre eine schlechte Voraussetzung, um gesund zu werden! Weder weiß der Arzt, wie dein Körper mit der Krankheit umgehen wird, noch hält er ein spezifisches Medikament bereit, das auf die Gesamtheit deines Körpers abgestimmt wurde. Trotzdem will er dich mit allen Mitteln behandeln, solange du ihm zur Verfügung stehst. Er braucht dich. Du bist sein Kapital: die beste Medizin für seinen Geldbeutel. Wenn du der Schulmedizin den kleinen Finger gibst, musst du dich nicht wundern, wenn sie dir den Fuß amputiert.

Um das Vertrauen in die Schulmedizin noch ganz zu verlieren, besuchen wir ein Kranken-Haus und versetzen uns in die Lage einer gut versorgten Patientin. Ihr Körper ist entstellt, von Medikamenten geschwächt ist ihr Immunsystem und die nächste Infektion wird sie auch nicht gesund machen. Und sie weiß sich nicht mehr zu helfen. Als Opfer liegt sie darnieder und hat selbst mitgeholfen, dass der schulmedizinische Wahnsinn sich weiter im Kreis

dreht: Das Kranken-Haus hat ein neues Versuchsobjekt, ein Assistenzarzt kam in seiner Ausbildung weiter und der Chefarzt dreht seine Runden.
Was uns jetzt interessiert: Wo könnte ihre Leidensgeschichte den Anfang genommen haben? Für eine mögliche Antwort tasten wir uns an die Spitze des Fleischberges heran und untersuchen die Vorsorge der weiblichen Brust. Die Resultate der Mammographie sind sehr ungenau, zudem erhöht diese Vorsorgeuntersuchung das Risiko, an Krebs zu erkranken und kann ihn auch auslösen. Der Schulmedizin ist dabei gedient. Kampflustig steht der Chirurg mit dem Skalpell bereit, mit gescheiter Miene holt der Apotheker eine große Packung Chemopillen hervor, die wiederum neue Krankheiten verursachen und ... und ... und es dreht sich alles schön im Kreis.
Fazit: Eine arztgläubige Frau geht freiwillig zum Gynäkologen und fädelt ihre Selbstzerstörung ein. Diese Patientin könnte einem Leid tun. Und wie steht es mit ihrer Selbstverantwortung? Nur die Tiere sind noch schlimmer dran, da sie in die Pharmaindustrie entführt werden. Keine freie Arztwahl. LEIDER!

Wer sich den Ärzten anvertraut, hat sein Leben aus der Hand gegeben. Selbstmord auf Raten, ohne es selbst wahrnehmen zu wollen. Der Mensch nimmt sich keine Zeit mehr, in seinen Körper hineinzuhorchen, um seine Selbstverantwortung anzunehmen. Und die Uhr des Lebens tickt ... Zeit ist Geld. Zumindest nehmen sich die Ärzte immer weniger Zeit für ihre Patienten, sonst würden sie noch mehr Mist bauen!
Die Schulmedizin ist wie eine heimtückische Seuche; eine tödliche Krankheit, die sich ausbreitet. Die Fachidioten im weißen Kittel „besiegen" die Krankheiten und entwickeln stets neue. Das eine können sie besser, das andere weniger gut. Wenn sie eine Krankheit „besiegt" haben, entdecken

sie an ihrer Stelle mindestens zwei neue Krankheiten, die sofort erforscht, definiert, diagnostiziert und behandelt werden müssen; aus einer Krankheit werden zwei, aus zwei vier, dann acht ... Wahrscheinlich muss man den Doktor in der Mathematik gemacht haben, um sich auszurechnen, wie viele neue Krankheiten uns noch bedrohen werden.
An keinem Ort der Welt wird in einem Atemzug mehr gerettet und getötet und soviel verdient wie in der Schulmedizin. Die Täterinnen in Weiß wissen sich zu helfen. Jedes Mittel ist ihnen recht; sie wollen überleben auf Kosten anderer. Wenn das zivilisierte Leben zu wenig Unfälle und Krankheiten hervorbringt, wird ein bisschen nachgeholfen. Medizin ist ein beliebtes Studienfach, verspricht Ansehen, Macht, Geld und eine gewisse Narrenfreiheit: Nicht jeder Mediziner ist ein potentieller Massenmörder, aber bestenfalls ein Illusionist. Fehlt ihm diese Einsicht, ist er unzurechnungsfähig. Jeden Tag lässt er seinen Vorschlaghammer niedersausen und schlägt Profit aus seiner Unfähigkeit. Konsequenzen daraus zu ziehen fällt dem Versager schwer. Eine solche Milchkuh wie die Schulmedizin kommt nicht so schnell wieder auf die Welt.

Andererseits können die heutigen Mediziner den Verlauf einer Krankheit verkürzen und Leben verlängern. Somit stellt sich uns die Frage: Welche Krankheiten müssen oder können von der Schulmedizin behandelt werden? Darüber kann man viele Bücher schreiben oder sich jetzt auf wenige Worte beschränken. Wenn eine Körperfunktion massiv bedroht wird und/oder das Leben akut in Gefahr ist wie bei einer Lungenentzündung, blutendem Magengeschwür, Herz- und Nierenversagen, Embolien, und so fort ... sollte man sich sofort ins Kranken-Haus bringen lassen. Als Nebenwirkung nimmt man dann in Kauf, dass durch die ärztliche Notfallbehandlung die Symptome verscho-

ben werden, welche je nach Konstitution des Betroffenen erst Jahre später ausbrechen können. Im Nachhinein das neue Krankheitsbild in dem richtigen Zusammenhang früherer Behandlungen zu sehen, ist eine Kunst für sich, die kaum ein Arzt beherrscht.
Auch Behandlungen von Unfallverletzungen können der heutigen Medizin anvertraut werden, falls der behandelnde Chirurg geschickte Hände hat und nicht zuviel trinkt. Von diesen Fällen allein können die Heerscharen von Ärzten nicht überleben. Und sie brauchen Geld, viel Geld für ihr hypermodernes Schlachtfeld. Allein mit Laser- und Röntgenstrahlen, Giftpillen, Impfpistolen und Kobaltbomben kann man heutzutage keinen Krieg gegen die Gesundheit gewinnen.

Haben denn die Ärzte kein Herz?,
könnte jetzt ein angehender Kardiologe fragen.
Das kommt drauf an. Ärzte würden ihre lieben Angehörigen NIE so behandeln wie ihre zahlenden Patienten. Das sagt doch schon alles!
Das System der Schulmedizin steht einer großen Sekte in nichts nach. Sie hat die absolute Macht über das gesamte Gesundheitssystem. Sie betreibt Hirnwäsche, dies nicht nur in ihren Broschüren über die Vorsorgeuntersuchungen, sondern am laufenden Band. Sie will dein Geld, das sie auch im voraus bekommt über deine Beiträge an die Kranken-Kasse. Und sie unterwandert die Regierung durch ihre Lobbyisten. Bei der Schulmedizin kann die Scientologie noch in die Schule gehen.
Und wohin gehst du jetzt?
Ich weiß es nicht. Dieses Buch soll auch an dieser Stelle kein Ratgeber sein. Ich steh nur hier im Leben und zieh rundum ihre falschen Vorhänge weg, dadurch wirst du mit nackten Tatsachen konfrontiert. Wie du damit umgehst, ist deine Sache. Stell dir ein nacktes Wesen vor: Du kannst

von ihm wegrennen, es ignorieren oder auch berühren. Ich ziehe deinen vertrauten Wahrheiten nur die Kleider aus, gebe dir einen Impuls, falls du offen bist, empfängst du diesen Impuls, wirst deinen Puls besser spüren und eines Tages vielleicht den Puls des Lebens noch berühren.

Wer eine wohltätige oder terroristische Ader hat, könnte versucht sein, die Patienten aus den Klauen der Schulmedizin zu befreien. Um diesem Wunder die Tür zu öffnen, muss er die Ärzteschaft und Co. behandeln und sich fragen:
Wie verarzte ich die Ärzte?
Wie berate ich die Apotheker?
Wie pflege ich die Pfleger und die Kranken-Schwestern?
Die Ärzte und Apotheker kann er in die Pharmaindustrie abgeben. Geneologen, Embryologen, Klonologen, Virologen, Biologen und Reproduktionsbiologen sind von jetzt an gut beraten: endlich adäquate Versuchsobjekte. Novartis, Pfizer, Schering ... werden ihre Mäuse, Ratten, Frösche und Affen umgehend freilassen und ihre Vorstände nehmen Einsitz im örtlichen Tierschutzverein. Wenn es unter solchen idealen Bedingungen der Forschung gelingt, ein Allheilmittel zu entwickeln, war an der Schulmedizin doch noch etwas Gutes. Und die Pfleger und die Gesunden-Schwestern werden dann im Außendienst tätig sein, gehen von Tür zu Tür, um den Menschen dieses Wundermittel zu verabreichen. Inzwischen hat die Erleuchtete Sechserbande Rat gehalten: Es ist nicht sehr wahrscheinlich, dass diese Wundermedizin zugelassen wird. Um mich ein bisschen präziser auszudrücken, rechne ich schnell die Wahrscheinlichkeit hoch:

1 minus aller Elementarteilchen des Universums

=

Kopfschmerzen ohne Kopf

Wer braucht jetzt ein Aspirin?
Je mehr du dich aus deiner Abhängigkeit von der Horrormedizin befreit hast, desto häufiger hast du mir zugenickt. Oder schüttelst du den Kopf? Kennst du keine Alternativen zur Schulmedizin? Dann darfst du sie nicht kritisch betrachten. Wenn du krank wirst, musst du dieser Medizin vertrauen, um nicht gleich von Anfang an zu verzweifeln. Vielleicht stimmst du dem ansatzweise zu, was hier offengelegt wird, aber mit weniger Übertreibung wäre es besser getan. Auf deine Optik kommt es an. Lässt du dir eine falsche Brille verschreiben, kannst du mit Recht behaupten: Du siehst nicht viel.

Entscheide dich selbst, welcher Mosaikstein dich versteinern soll, in welcher Schublade du dich begraben lässt. Alles hat seine Berechtigung, auch die Schulmedizin. Es liegt in deiner Hand, sie zu vergöttern, zu verteufeln oder dich mit ihr auszusöhnen.
Bist du krank, kannst du aus vielen Schubladen wählen, um deine Medizin zu finden. Du kannst den Schulmediziner, Naturheilarzt, Homöopathen, Heilpraktiker und Geistheiler aufsuchen. Oder du kannst gar nichts tun oder dich selbst heilen oder alle Medikamente fortwerfen. Falls du das alles überlebt hast, kann ich dir die Schublade „Gute Gesundheit!" empfehlen, die dich in diesem Buch noch erwartet.
Und was können wir von der Schulmedizin noch erwarten?
Sie schafft Arbeitsplätze in der Pharmaindustrie, in den Kranken-Häusern und in den Kranken-Kassen. Ein Vergleich zur Politik: Wenn die Regierung Milliarden für die Rüstung ausgibt, betont sie gerne, dass dadurch Arbeitsplätze erhalten bleiben. Homo sapiens scheint sich zu vernichten und bis dahin soll er dafür noch arbeiten.
Was auch für die Schulmedizin spricht, ist ihre Entspre-

chung zur jetzigen Zeitqualität. Der zivilisierte Mensch nimmt sich keine Zeit, entfernt sich von der Natur, seinem Partner kommt er auch nicht näher, zerdrückt unschuldige Insekten und mit sich selbst kann er nichts anfangen.
In der gleichen Hilflosigkeit geht er mit seinem Körper um. Die Mediziner bieten genau die Hilfe an, nach der die meisten schreien. Bist du dem Leben zugetan, wirst du in deiner Not lebensnahe Hilfe erhalten. Auf welcher Seite stehst du? Töte oder lass dich abschlachten. Sei Opfer oder Täterin!
Oder stürz dich rein in den Schlund deines Egos. Abgrundtief! Und schau genau hin, während du fällst und fällst. Irgendwo soll da dein Schalter kommen. Also pass auf! Mach dann das Licht an, sonst nimmt dein Absturz nie ein Ende ...
Wenn Lichtstrahlen deine innere Welt erhellen, brauchst du kaum noch Röntgen- und Laserstrahlen ...

Geld

Solange die großen Fische
die kleinen Fische fressen
fängt man die großen nicht

Möchtest Du heute dein Werturteil über das Geld liquidieren?
Es war einmal eine große Bank. Ihr Sitz befand sich an einer berüchtigten Bahnhofstrasse irgendwo in der Schweiz und aus allen Himmelsrichtungen strömten besudelte Gestalten in sie hinein. Ihre Moneten wollten sie aus dem Sumpf ziehen. Manchmal schauten recht saubere Typen bei der Bank vorbei, wie menschenfleischfressende Diktatoren, abgebrühte Mafiosi al dente, coole Drogendealer und gläubige Terroristen. Sie waren Engel im Vergleich zu den anderen Kunden: Wirtschaftsbosse, Politiker, Ärzte, Kardinäle und ab und zu eine Dame im Pelz; alles hohe Tiere der Gesellschaft, kamen auch in die Bank, um ihr schmutzig verdientes Geld reinzuwaschen. Eines Tages war ihre Kläranlage verstopft; und die Bank wurde geschlossen. Die Kunden waren voller Entsetzen. Ihr Geld stank immer mehr, und so konnten sie es nicht mehr riechen, auch war es derart verschmutzt, dass sie nicht mehr sahen, was und wieviel an ihren Händen klebte.
Möchtest du heute noch dein Werturteil über diese Geschichte liquidieren?
Mach es!
Geld macht alle verrückt. Geld macht reich. Geld macht arm. Geld macht Macht. Macht macht Geld. Geld verführt. Geld regiert die Welt. Geld macht alles möglich. Mit Geld kannst du dir Männer, Frauen, Kinder, Schönheit, Sicher-

heit, Erholung, Bildung und ein Handy kaufen. Geld! Geld! Geld! Du kannst damit protzen, erpressen, spielen, arbeiten und konsumieren. Geld kann angelegt, gehortet, gefälscht, geklaut, verloren, verschenkt, verspielt und verschwendet werden. Geld! Geld! Geld!

Geld besitzen ist legitim, sofern es auf redliche Art und Weise verdient wurde - so ein Mist! Geld besitzen ist unzulässig, wenn es geklaut wurde - auch Mist!

Geld! Geld! Geld! Durch Geld kannst du berühmt werden. Geld! Geld! Geld! Durch das Geld kannst du deinen Ruf verlieren. Geld! Geld! Geld! Mit Geld kannst du deinen Lebensunterhalt bestreiten. Geld! Geld! Geld!

Geld schmiert das Getriebe unserer Gesellschaftsmaschinerie. Ohne Geld: kein Krieg, keine Kirche, keine Politik, keine Schulmedizin und kein Straßenverkehr. Schaffen wir das Geld ab: Es zerstört alles!

Kein Geld! Kein Geld! Kein Geld!

Wer will jetzt noch arbeiten?

Ohne Geld geht nichts.

Geld! Geld! Geld!

Wo du dich im Leben umsiehst: Geld und Besitz spielen immer eine wichtige Rolle. Nur Kinder, Gefangene, Heilige und Genies á la Picasso brauchen kein eigenes Geld. Die Eltern sorgen für das Kind, der Staat versorgt die Gefangenen, der Heilige lässt sich vom Universum alles besorgen. Und Picasso selbst war stets willkommen in jedem Restaurant, wo er saß, aß er, ohne zu bezahlen. Der Wirt legte keine Rechnung auf den Tisch, stattdessen hinterließ der berühmte Künstler eine kleine Skizze auf der Papierserviette ... der Wirt verbeugte sich.

Du selbst bist weder ein Kind, ein Gefangener, ein Heiliger, noch so genial wie Picasso und möchtest mit dem Geld auch nichts oder nur wenig zu tun haben.

Bist du dir da sicher?

Geld! Geld! Geld!
Immerzu bestimmt Geld deine Sicherheit und Existenz. Kein Moment existiert im Leben, wo du mit deinem Geld und deinem Besitz nicht in Berührung stehst. Ohne Geld geht rein gar nichts.
Geld! Geld! Geld!
Ja, das liebe Geld – und wie möchtest Du damit umgehen? Lieb das Geld, und gib es auch aus. Kauf dir alles, was dein Herz begehrt – falls du gut bei Kasse bist. Oder lass dir mal was einfallen! Du bist in deinem Leben schon mindestens einmal zuviel abgezockt worden, weiß ich doch aus eigener Erfahrung.
Möchtest du mehr, als nur in der irdischen Welt mitzueifern?
Wünschst du vielleicht, in himmlischen Sphären mitzufeiern?
Jetzt erst recht. Lieb das Geld, schätz es in all seinen Vorzügen. Es ebnet dir den Weg zum Pool der irdischen Genüsse – und gerade dort federt das Sprungbrett zur Selbsterkenntnis.
Geld! Geld! Geld!
Bist du schon gesprungen?
Geld! Geld!
Kein Geld!

Hast du auch schon mal daran gedacht, Millionär zu werden? Und möchtest du diesen Traum im Hier und Jetzt verwirklichen? Oder hast du sowas gar nicht nötig? Eine Million oder keine; über solchen Dingen steht man einfach, insbesondere wenn man sie schon hat.

Ein Mensch kommt zu Gott und fragt: Ist das richtig, dass für dich eine Sekunde gleich lange dauert wie die Ewigkeit?
Gott nickt.

Und der Mensch fragt: Ist dann auch für dich ein Euro gleich viel wert wie eine Million?
Gott nickt.
Und so fragt der Mensch weiter: Wenn dem so ist, kannst du mir jetzt eine Million Euro geben?
Gott nickt und sagt: Ja gleich, warte nur noch schnell eine Ewigkeit.

Wenn dir eine Ewigkeit zu lange dauert, kannst du an die Börse gehen oder auch ins Kasino, um das große Geld zu machen. An beiden Schauplätzen stehen deine Chancen eins zu eins. Entweder liegst du im Moment richtig mit deinem Tip oder falsch, doch du weißt nie, wie lange dieser Moment noch andauert. Im Roulette kann die Kugel vierzehnmal auf eine gerade Zahl fallen oder eine Aktie kann vierzehn Stunden lang steigen und dann eintausendvierhundert Tage sinken und plötzlich über Nacht kann sich ihr Wert verzehnfachen – nichts für schwache Nerven! Entweder hast du richtig gelegen oder falsch. Nicht richtiger wirst du liegen, wenn du dir stündlich die Realtime-Kurse online reinziehst, jeden Tag die Flut der Wirtschaftsnachrichten liest, jede Woche dein Börsenmagazin studierst und du dich regelmäßig mit deinem Anlageberater zum Lunch verabredest. Je mehr Wissen du dir aneignest, desto kleiner werden deine Chancen, die zukünftigen Highflyer der Börse auszumachen. Wenn du im Geld schwimmen möchtest, solltest du eher deinen Goldfisch zu Rate ziehen oder in den Zoo gehen. Schimpansen haben eine bessere Hand als Fondsmanager, was die Outperformance anbelangt. Das ist kein tierfreundlicher Witz, sondern eine Tatsache: In Schweden ließ man in einem Börsenwettbewerb Fondsmanager gegen Schimpansen antreten. „Unsere nahen Verwandten“ schossen mit Pfeilen gegen eine Wand, die mit Namen von Aktien beschriftet waren. Was die Trefferquote eines zukünftigen High-

flyers anbelangte, schnitten sie besser ab als die Börsenprofis mit ihren Charts, Zahlen und Fakts, die sie in ihren Köpfen analysiert hatten. Wenn du dem Schimpansen das Wasser reichen möchtest, solltest du deinen Goldfisch und vielleicht noch deinen Hamster in das Stockpicking miteinbeziehen.
Und es ist kein Bankgeheimnis, dass es eine sichere Methode gibt, an das große Geld ranzukommen: Insiderwissen.

Im Börsenzoo
sollten sich die kleinen Fische
vor den Geldhaien in Acht nehmen

Weniger durchschaubar sind die Worte von Alan Greenspan und kaum prognostizierbar ist, was er beim nächsten Hearing zu sagen hat. Globalplayer, Kleinanleger und andere Börsenprofis: Sie alle hängen an seinen Lippen. Seit fünfzehn Jahren ist der FED-Vorsitzende Alan Greenspan der mächtigste Mann der Welt. Als Dirigent der Weltbörsen schwingt er seinen Zinsstock im 1/4 Takt hoch oder runter. Durch jeden Zinsschritt kann er Milliarden von Dollars aus dem Nichts zaubern oder halbe Vermögen vernichten. Der Schauplatz Börse wird durch menschliches Verhalten bestimmt, dadurch entzieht sie sich einer eindeutigen Logik. Wenn man allen Prognosen über alle gehandelten Papiere der Welt vertraute, dürfte man jederzeit Alles kaufen oder auch verkaufen. Manchmal wird von einer Aktie behauptet, sie sei zu billig oder zu teuer. Die Marktstimmung entscheidet, wo der richtige Preis liegt. Solange die Mehrzahl der Anleger ein bestimmtes Papier kaufen will, kann es nie teuer genug sein, auch wenn die Firma selbst in ferner Zukunft tiefrote Zahlen schreiben wird. Und sollte dann die betreffende Firma endlich einen Riesengewinn erwirtschaften, wollen die Anleger nur noch verkaufen, weil bei diesem Papier die Luft draußen ist.

Wer auf einen heißen Tipp aus ist
wird sich die Finger verbrennen

Das gigantische Wettspiel der Börse ist irrational, also kommst du ihr mit deinem Wissen um Zahlen und Fakts nicht bei. Nur als Glücksvogel kannst du aufs richtige Pferd setzen, ob du dann noch im Börsenzoo als „Bulle" oder „Bär" spekulierst, danach wird kein Hahn mehr schreien.
Wie sonst im Leben brauchst du mehr Glück als Verstand, um erfolgreich zu sein. Mit Glück allein steht dir die ganze Welt offen, funktioniert nur der Verstand, kommst du nicht über deinen Kopf hinaus. Das Leben ist gleich einer Seifenblase voller Spekulationen. Eine riesengroße Wette; an jedem Tag kannst du gewinnen, verlieren und was heute wie ein Verlust aussieht, kann morgen der große Gewinn sein.
Beim Kauf dieses Buches hast du kein Vermögen investiert und doch spekulierst du, dass es dir einen Gewinn bringt. Ich wünsche dir bei dem Investment weiterhin viel Glück!

Justiz

Every cop
is a criminal
Rolling Stones

Am 22. März 1985 schrieb eine Tageszeitung von Zürich, HM hätte gesagt: „Jeder Polizist ist kriminell!" Damals hatte er dies nicht gesagt. Jetzt holt er es nach: „Nicht nur jeder Polizist, sondern auch jeder Staatsanwalt und jeder Richter ist kriminell". Diese Aussage klagt nicht an und ist keine Verurteilung, sie steht als eine sachliche Feststellung.

Warum sind diese Menschen kriminell?,
fragt jetzt ein naiver Jurastudent.

Wären diese Figuren nicht kriminell, könnten sie sich nicht mit ihrem Beruf identifizieren. Der einzige Unterschied zwischen ihnen und dem Verbrecher: Sie stehen mit unserer kriminellen Gesellschaft auf einer Seite. Der Hüter des Gesetzes wie auch sein Widersacher kämpfen mit dem Gesetz. Ist der eine dafür, so ist der andere dagegen. Wenn wir andere Gesetze hätten, wäre ein Rollentausch möglich. Nun könnte der Verbrecher ein Polizist und er andererseits ein Verbrecher sein. Beide treiben ihr Spiel im Streit um Recht und Unrecht, der eine wacht über die Regeln, der andere verletzt sie. Ihre gemeinsame Abhängigkeit liegt im Verbrechen selbst.

Wie könnte der Polizist seinen Kollegen von der anderen Seite aufspüren, wenn er keine kriminelle Ader hätte?

In diesem Sinn stellt sich ein Vergleich zur Psychiatrie. Wenn der Psychiater mit dem Wahnsinn nicht verwandt wäre, könnte er sich weder mit seinem Beruf identifizieren noch den Wahnsinnigen verstehen. Der Wahnsinnige ist nur in dieser Welt wahnsinnig, in einer anderen könnte er sich frei bewegen. Und wäre in jener Welt die gesteigerte Normalität unseres Erdenbürgers nicht gefragt, müsste der in einer Bürgeranstalt versenkt werden.

In einer anderen Welt:
Würden unsere Politiker mit Tiermehl gefüttert werden.
Die Anklage: Verheizung der Natur.
Würden unsere Mediziner zum Blumen gießen in einem Friedhof verurteilt werden.
Die Anklage: Massenmord.
Würde der Papst mit Viagra zwangsweise behandelt werden.
Die Anklage: Missbrauch der Liebe.
Würden unsere Richter und Staatsanwälte hart angepackt werden, wie werden wir gleich noch sehen.
Die Anklage: Mitgliedschaft in einer kriminellen Vereinigung.
Wer ist nun kriminell und wer nicht?
Was die Richter und Staatsanwälte betrifft, kämen bei diesen Figuren die Gesetze des Karma zur Anwendung. Ein karmisches Gesetz, das Buddha - gestern Abend hat HM mit ihm zusammen wieder mal eine Flasche Brunello geleert - also dieses Gesetz, das Buddha erlassen hat, besagt, dass ein Unrecht, das jemand dem anderen zufügt, angemessen auf ihn zurückfallen wird, im jetzigen Leben oder in einem der nächsten. Für die feinen Damen und Herren der Justiz sähe das gar nicht gut aus. All die ausgesprochenen Gefängnisstrafen müssten sie früher oder später selbst absitzen. Man rechne mal nach: Tausende von Jahren, das ist nicht lebenslänglich: eher ewiglänglich.

Gerechtigkeit und Rechtspflege soll die Justitia verkörpern, und sie hat keine reine Bluse. Im Namen dieser machtgeilen Dame wird die Gerechtigkeit missbraucht, um die bestehende Machtordnung zu beschützen. Wie gesetzlich festgelegt, liegt die ausübende Macht immer beim Stärkeren. Es sind die Mächtigen, die nach ihrem Gutdünken verfügen, was Recht und Unrecht sein soll. Ob dabei die Macht von einem Diktator oder von der Mehrheit eines Volkes vertreten wird, ändert nichts an der willkürlichen Gerechtigkeit, die nur das Recht der Macht vertritt.

Wer die Macht unterstützt
wird von ihr beschützt

Die Herrschenden setzen sich mit aller Gewalt für das schon Bestehende ein. Reformen werden zugelassen, soweit sie zur Erhaltung der Macht dienen. Um die Machtstrukturen zu bewahren, werden sie von ihren Machthabern mittels entsprechender Gesetze legitimiert. Wenn ein Mensch sowas nicht aushält und sich zur Wehr setzt, kann an ihm gesetzmäßig Rache geübt werden. Jedes Strafgesetzbuch ist ein Instrument der Rache - ein Katalog von Vergeltungsmaßnahmen.
Da die Mächtigen kaum Bewusstsein besitzen - bewusstes Sein ergibt sich ohne äußere Macht - bleiben sie trotz ihrer Macht in gewisser Hinsicht ohnmächtig. Nur für jene Menschen sind sie gefährlich, die einen inneren Bezug zu ihrer Macht haben. Ein verbrecherischer machtbrecherischer Mensch kann nur gefasst und gerächt werden, wenn es seiner Zeit- und Bewusstseinsqualität entspricht. Ist der Verbrecher, also der Machtbrecher, nicht empfänglich für die Willkür der Mächtigen, ist er für ihre Rachegelüste nicht erreichbar: keine Resonanz. Für manche mag das absurd klingen - das sind genau diejenigen, die sich immer noch erwischen lassen!

Eine ungerechte tierverachtende Gesellschaft schreit geradezu nach Verbrechen. Da ist ein gut funktionierendes Rechtssystem gefragt, das durch Gesetze die Ungerechtigkeiten legitimiert, damit das System erhalten bleibt. Gleichfalls gilt, dass jeder Mensch seine Abgründe hat, von Natur aus eine kriminelle Ader besitzt. Nicht nur der liebe Polizist ist kriminell, alle sind es. Der Mensch muss vor seinesgleichen geschützt werden! Der eine verdrängt seine dunklen Seiten oder kann sie im gesetzlichen Rahmen oder in der Phantasie ausleben. Aber der Verbrecher kommt zur Sache, aus welchen Gründen auch immer.
Robert Ressler, ein ehemaliger FBI-Agent, hat mehr als hundert Serienmörder interviewt und er sagt, er sei Nietzsches Satz immer näher gekommen. „Ich habe in so viele Abgründe geblickt, dass ich weiss, wie ähnlich ich diesen Raubtieren bin, wie ähnlich ihnen jeder ist. Die Frage ist immer nur, an welchem Punkt die Phantasie ausser Kontrolle gerät."
Wer will sich da als kleiner Gott aufspielen? Von wem soll der Verbrecher zur Rechenschaft gezogen werden? Von seinesgleichen?
Also von wem soll der Verbrecher angeklagt werden? Von einer frigiden Staatsanwältin, die unter Karrieresucht leidet? Und wer darf den Verbrecher schuldig sprechen? Die unbefangenen Geschworenen, die Fleisch von gequälten Tieren essen? Und wer darf dann noch den Verbrecher zu einer Strafe verurteilen? Ein gerechter Richter, der mit einem Silberlöffel auf die Welt gekommen war?

Wer den Zeigefinger erhebt
hat einen Finger zuviel

Die Mächtigen aus der Politik, der Finanz und der Justiz gehen in die letzte Runde. In einer globalisierten Selbstüberschätzung wird der Planet „Erde" an die Zukunft ver-

kauft. Eine verlorene Zeit. Im Würgegriff der Selbstzerstörung geht der Zivilisation langsam die Luft aus. Selbstjustiz auf Raten. Der Mensch richtet sich selbst hin. Die selbstgestrickte Apocalypse kommt bestimmt, das ahnt auch der zivilisierteste Mensch. Das wann? Und wie? Das entzieht sich seiner Kontrolle. In elf Stunden und fünfundfünfzig Minuten? Oder in fünfhundert Jahren? Keiner weiß es so genau.
Lassen wir uns doch einfach überraschen ... was uns danach eine neue Welt bringen wird ... und wie die Menschheit in den Geschichtsbüchern des Universums gewürdigt wird ... Wahrscheinlich wird es reichen für ein kleines Zitat:

Ein Sturm der Selbstzerstörung
fegte über die Erde
Nichts blieb vom Menschen übrig
außer seinen Erfahrungen

Erziehung

Immer wieder lassen sich Menschen von der Gesellschaft zum Heiraten verführen und so müssen sie einen Pakt mit dem Teufelchen „Gesellschaft" schließen. Nach jungem frischem Blut lechzt dieser leichenblasse Blutsauger. „Ihr Kinderlein kommet!", raunt er den Frischvermählten ins Ohr. Dr. Frankenstein hat ein großzügiges Herz. Er spendiert Heiratsgeld, Gebärsäle, Kinderzulagen, Familienwohnungen, Schulen und sonstiges doofes Zeug. *Nun muss das Kind noch her!* Und siehe da: Eines Tages vollbringt der Klapperstorch eine Bruchlandung. Die Eltern sonnen sich im Vater- und Mutterglück und unsere monströse Gesellschaft giert nach dem neuen Opfer. Die Chancen stehen gut für diesen Kinderfresser. Sein Schlund ist weit aufgesperrt: Vater und Mutter sind ausgesaugt und schon halbverdaut, aber mit letzter Kraft ziehen sie ihr Kind rein!
Der allgemein anerkannte Sinn einer Erziehung ist es, die wachen und noch staunenden Kinder in die Gesellschaft einzugliedern. Das neue Leben wird *gezogen, verzogen* und *erzogen:*
Erzogen wird das Kind in der Schule. Der kleine Mensch wird zu einem gebildeten, fleißigen Bürger erzogen. Stinknormal soll er werden. Und die Gesellschaft grinst selbstzufrieden. Wieder einer mehr, der mit ihr zusammen im Misthaufen sitzt.
Verzogen wird das Kind in der Sexualität. Ein Junge wird zu einem Subjekt und ein Mädchen zu einem Objekt ver-

zogen. Und wer versagt später? Beim Sex erlebt er nur das Mannsein und sie nur das Frausein: sie wichsen miteinander! Onanierst du in der Toilette, kannst du für dich allein schon das Mannsein oder Frausein üben. Aber wer aufs Ganze geht, macht keine halben Sachen!

Gezogen wird das Kind hinein in ein rationales Weltbild. In seiner Entwicklung wird ihm eingehämmert, dass nur eine Welt der Vernunft existiert. Von der Geburt bis zum Tod steht der Mensch unter der Vorherrschaft von Logik und Frust. Im Gebärsaal fängt das Heulen an, das Milchpulver ist schon angerührt und danach rieselt es schön weiter mit weißem Zucker, weißem Reis und Weißmehl. Alsbald mahnen Mama und Papa: Dies ist gut und jenes ist schlecht! Schon steht die logische Schule vor der Tür und das Kind wird optimal auf das Erwachsensein vorbereitet und dann rein in die Welt der Großen, das wahre Leben beginnt: Arbeiten, Heiraten, Kindermachen, Scheidung ... noch mehr arbeiten ... Zu guter Letzt wird im Krankenhaus noch ein letztes Mal geseufzt.

Bevor das Kind die zergliederte Welt bewusst wahrnehmen kann, erfährt es schon als Baby unbewusst die menschliche Logik in der analytischen Schulmedizin und in der raffinierten Nahrung. Das Menschenkind wird bei seiner Ankunft von keiner ganzheitlichen Medizin empfangen; ebenso wenig wird es nachher mit vollwertiger Nahrung versorgt; und zu allem Elend pflanzt die Schule das Kausalitätsgesetz in sein Hirn. Pausenlos wird der kleine Mensch aus der kosmischen Ordnung herausgerissen und ins gesellschaftliche Chaos hineingeschmissen.

Und eines Tages prahlen die Alten:

Aus unserem Jungen/Mädel ist was Rechtes geworden!

Wer so redet, wird wohl der autoritären Erziehung nahe stehen.

In den guten alten Zeiten durften die Eltern ein bisschen nachhelfen, wenn das Kind nicht wollte. „Eine Ohrfeige

hat noch niemandem geschadet!", war eine weit verbreitete Ansicht. Wenn ein Kind dies nicht verstand, konnte man immer noch zu härteren Mitteln greifen. Gut geratene Leser werden sich daran erinnern können.
Das Leben blieb im Fluss, die Fische schwammen gegen den Strom und so floss eine nächste Gegenbewegung in die Gesellschaft. Eine neue Generation. Die Väter trugen Latzhosen, die Mütter keinen BH mehr und die Kinder verloren ihren Halt. Kein Fels in der Brandung, die Steine rollten mit Satisfaction davon, die Orientierung schwamm weg, zurück blieb eine verlorene Generation. Antiautoritäre Erziehung hieß der große Hit.
Daraus hat sich die neueste Generation generiert. In der einen Hand ein Handy, in der anderen ein Kampfhund an der Leine: Hypercool-megamäßig-voll-easy-drauf werden die ersten Knirpse aus dem Dritten Jahrtausend bald im Kinderladen erwartet. Sie haben sich gemacht, das muss man ihnen lassen. Die Bettnässer der jetzigen Zeit nehmen die Erziehung lieber gleich selbst in die Hand. Ultragroße Designerjacken, coole Sonnenbrillen, heiße Designerwindeln und was das Zeug sonst noch hält, werden bei den Alten eingefordert. Und wenn Mama und Papa nicht parieren, darf ein bisschen nachgeholfen werden, Jahr für Jahr. Ein Heiligabend ist auch gut dafür, wie diese wahre Weihnachtsgeschichte uns erzählt:
„Wenn ihr mir dieses virtuelle Dingsbumsda von Mickysoft nicht unter den Baum stellt", sagt der kleine Eric, „werde ich euch beim Jugendamt anzeigen!"
Die Eltern schlucken leer und öffnen den Mund. Ein „Wie bitte?" fällt über ihre Lippen. „Vorhin hast du mich am Po getätschelt!", sagt er zum Papa und nun wendet er seinen kleinen Mund der Mutter zu: „Und wie du mich gestern in der Badewanne eingeseift hast, war auch nicht ganz ohne! Ja?"
„Wie bitte?", fragen die Eltern nochmals nach. Und der

kleine Sohn Eric: „Ist das eh nicht sexueller Missbrauch?“ Mama schüttelt nur den Kopf und Papa zückt den letzten Schrei von Ericsson aus dem Geschenkpapier, schreit gleich rein ins Handy, und nicht das erste Mal wird er mit dem Elternnotrufdienst verbunden.
Wie sich die Zeiten verändert haben, da ist guter Rat fern! Da kann HM nur raten, nicht den Mut zu verlieren, keine Kinder zu kriegen und die Schublade „Erziehung“ sofort zu schließen. Wer hier weiterliest, hat wohl den Glauben an eine bessere Zukunft noch nicht ganz verloren.

Und du, hoffnungsvolle Leserin!
Erwartest du bald ein Kind?
Und hast du schon welche?
Mit gutem Gewissen kannst du deine Pforte ins Leben öffnen und ein Kind empfangen, wenn du ihm nicht den Weg zu sich selbst versperrst. Das ist eine weit geöffnete Schublade. Da hat das Kind viel Platz, auch wenn du es umarmst, ohne es in Besitz zu nehmen – das Kind gehört sich selbst! Und du bekommst zusätzlichen Urlaub und Kindergeld vom Staat: *Er will „dein“ Kind kaufen!* Weder hast du das Kind eingewickelt noch wirst du es verkaufen. Vielmehr habt ihr gemeinsam die Insel des Glücks gebucht, wo sie auch immer zu entdecken ist, im Misthaufen unserer Zeit.

Das Kind selbst wird sich seinen Weg suchen und finden. In deine Bahnen kannst du es nicht lenken. Sanfte Geburt, viel Liebe, Muttermilch, Vollwertnahrung, keine Schulmedizin, Fernsehverbot, Steiner-Schulen (andere Schulen sind noch steiniger) und sonstige esoterische Wissensvermittlung – unterlass dabei wenigstens dein schöngeistiges Gerede! – bieten keine Gewähr dafür, dass das Kind ein bewusst denkender lebendiger Mensch wird. Ebenso gut

kann ein Kind in einer zerrütteten Familie gedeihen und ein weiser Mensch werden, bevor es aus den Windeln steigt.
Also wirf sie jetzt schon weg: Deine Vorstellungen über „Eine gute Erziehung“. *Er-zieh das Kind nicht!* Zeig ihm, wo du stehst, damit es sich orientieren kann, wohin es selbst gehen möchte.

Ein Umweg
kann schneller zum Ziel führen
als der direkte Weg
Wenn die Richtung stimmt!

10. September 2001

! ANGST !
Wer Angst vor Terroristen hat
hat ein schlechtes Gewissen

Vier Wochen nach den Anschlägen lag an der Frankfurter Buchmesse der „11. September 2001“ als Buch auf, ein Sammelbecken von geistigen Ergüssen. Philosophen, Schriftsteller, Journalisten, Politiker und andere großartige Denker haben sich berufen gefühlt, ihr Hirn zu entleeren, um „das Unfassbare“ begreiflich zu machen. Schnell mussten sie zur Feder greifen und sich zu Wort melden und dem Volk wurde eine Schweigeminute verordnet.

McDonald und Allah
sei mit ihnen!

HM zieht es vor den 10. September zu erwähnen, ein ganz gewöhnlicher Tag wie jeder andere ... Tausende von Menschen starben an Überernährung ... Tausende von Menschen starben am Hungertod ... Tausende Tonnen von Lebensmitteln wurden entsorgt ... Millionen von Tieren wurden gequält ... Millionen von Christen haben ihre Hände gefalten ... der 10. September 2001 wie schon gesagt: ein ganz gewöhnlicher Tag wie jeder andere zuvor.
Was den 11. September betrifft, möchte ich das Wort einem neunjährigen Mädchen überlassen. Die Kleine lebt in San Francisco und am 18. Oktober 2001 war sie in einer Reportage im Radio DRS 1 zu hören: „Ich glaube, dass Amerika etwas angestellt hat, sonst hätte sowas nie passieren können!“

Der Rückblick

Die Kirche steht auf Gott – Politiker sind ehrlich – Ärzte heilen – ein Soldat ist kein Schlappschwanz – Richter sind gerecht – Dr. Frankenstein hat ein Herz – der Mistkäfer ist ein Mensch. Alles klar! In diese Schubladen haben wir reingeleuchtet, sie auf den Kopf gestellt, dabei haben wir die Mistkäfer entdeckt und sie auch noch von unten angeguckt. Hast du neue Freunde gefunden, wünsche ich dir alles Gute! Es ist dein gutes Recht, im Mist der Gesellschaft herumzukriechen.
Andererseits kannst du aufstehen, dein ewiges Recht auf Selbstbestimmung wahrnehmen. Deine Fühler ausstrecken, deine Arme in Flügel verwandeln und abheben in neue Welten. Weltverbesserer, Philosophen, Schriftsteller und andere kluge Denker zeigen dir neue Wege. Niemand hindert dich daran, es besser als sie zu machen und deinen Weg zu gehen.
Der Misthaufen unserer Zeit ist eine Entwicklungsstufe der Menschheit. Wenn ich in die Wildnis oder auch in den Zoo gehe, um mich mit den Schimpansen zu treffen, hebe ich bei der Begrüßung den Hut und verneige mich vor ihnen. Ich frage mich dann nicht mehr, ob der Mensch jemals ihr Niveau erreichen wird.

Stop!
Jetzt reicht es aber! So ein Mist. Dieses Buch ist eine Geschmacklosigkeit! Verstunken, versaut und unmoralisch!,

japst jetzt ein Leser.
Ist ja schon gut, ich kenne dich! Du bist auch einer von denen, ein zappelnder Mistkäfer, der kopfvoran im Misthaufen steckt: Nun hast du mein Buch entdeckt und deine pervertierte Lust auf Frust heimlich befriedigt. Erzähl mal ... Sind wir uns nicht schon vor Jahren begegnet, als du dir eine meiner Reden anhören wolltest? Wie ich mich erinnere, hattest du keine andere Wahl, als mir hilflos zuzugrinsen, rot anzulaufen und sofort abzuhauen.
Was machst du jetzt?
Bist du Journalist, könntest du damals deinen Notizblock beschmiert haben, um deine Leser über mich aufzuklären. Redlich bemüht um eine ausgewogene Berichterstattung hast du als Opfer deiner Sensationslust dir einen aus den Fingern gelutscht, um deine Leser zu befriedigen.
Was machst du jetzt?
Bist du Staatsanwalt oder Richter, muss ich dich nicht näher kennenlernen. Als Gefangener deiner Gerechtigkeitsneurosen liest du ganz unbefangen dieses Buch, um das Messer deiner Rachelust zu wetzen.
Was machst du nun?
Und was mache ich mit euch allen?
Jedenfalls seid ihr angenommen und geliebt – zumindest von mir. Ihr seid unentbehrlich! Wir gehören alle zusammen, beseelt von unserer Schöpfung. Eure Seele gehört zu mir, so wie meine zu euch gehört. Gegenpole sind in unserer polaren Welt zwingend: Auf Verderb und Gedeih! Die meisten Menschen sind der Verderbnis anheimgefallen.
Was bleibt dann wohl für die wenigen anderen noch übrig?

Alles ist in allem, wie oben so unten. Dieses Gesetz steht auch für die gesamte Menschheit, die sich im menschlichen Körper wiederspiegelt. Ein Abbild. Und jeder Mensch sucht den Ort auf, wo er am besten aufgehoben

ist. Vorsicht! Seit längerer Zeit ist eine verborgene Körperöffnung übervölkert. Anstatt sich zwischen den Pobacken zu vergnügen, könnte der Mensch mal auf Entdeckungsreise gehen. Der Körper bietet noch andere Vergnügungsorte, die mehr Spaß bieten. Oder irre ich mich da?
In der WC-Schüssel unserer Milchstraße sind wir eingetaucht, um der Gesellschaft auf den Grund zu gehen, und im Fluß der Worte steigen wir hoch und fahren zur Insel des Glücks, auch wenn sie uns hin und wieder davonschwimmt ...
Die zehn ersten Schubladen haben wir durchgeschüttelt und ausgemistet.
Stinkt dein Misthaufen noch?
Nee!
Freu dich nicht zu früh!

SPIRITUALITÄT

Die Vorschau

Wer sein inneres Schwein nicht mag
wird von ihm aufgefressen

Die nächsten Schubladen eröffnen Wege, die dich in die Spiritualität führen. Nur werden wir uns hüten, uns im Geist zu verlieren. Zu gerne wird die Spiritualität missbraucht, um sich zu vergeistigen. Man sondert sich vom irdischen Dreck ab und flüchtet in eine vermeintlich heile reine Welt.
Auch viele Esoteriker sind auf diesem Weg, erhoffen sich vom irdischen Unheil zu lösen, indem sie sich ausschließlich auf das himmlische Heil ausrichten. Nicht selten sind sie eingefleischte Veget-Arier und da sie ihr eigenes Fleisch auch nicht mögen, sublimieren sie sek-tier-erisch ihre Sexualität. Vergeistigte Menschen meiden geistige Getränke, scharfes Essen, geilen Sex und schlechte Einflüsse. Ihr Lebensweg bleibt eine Einbahnstraße. Von der profanen Welt bewegen sie sich weg und steuern unentwegt ihren schönen Gott an. Zurückkehren dürfen sie nicht. Was ihnen früher erlaubt war, ist jetzt verboten. Sie hörten auf zu rauchen, und nie mehr dürfen sie sich an einem Glimmstengel festhalten. Aus purer Lust durften sie einst ihren Nächsten vernaschen – liebe deinen Nächsten wie dich selbst! – von der natürlichsten Sache der Welt haben sie sich verabschiedet. Früher bestellten sie Bratensoße zu ihrem Schweinebraten nach. Heute stehen sie Schlange am Salatbuffet, womöglich erhoffen sie sich, mit knackigen Salatblättern ihr schmutziges Karma zu bedecken.

Schöngeistige Menschen dürfen sich nicht vom Bösen und Unreinen berühren lassen. Ihr hohes Ziel ist es, die irdische Welt zu verlassen, um die allerletzte Stufe der Himmelshierarchie erklimmen zu können.
Wer die Erde nicht umarmt, fällt von ihr runter!,
meint jetzt eine junge Schimpansenfrau.

Gurus und andere Vorwichser predigen gerne den rutschigen Weg vom irdischen Unheil zum himmlischen Heil. Je verheißungsvoller ihre Wahrheit klingt, desto heftiger bimmeln die Glöcklein ihrer Schafe! Diese Heilsbringer nehmen ihnen die Wolle weg und kleiden dann die geschorenen Schafe mit ihren neuen Wahrheiten ein. Brauchst du noch einen Guru, dann geh zu einem, der es meint zu wissen. Aber wähl dir einen Guru, der über sich selbst lacht. Gurus, die sich ernst und wichtig nehmen, schwanken noch auf der ersten Sprosse ihrer himmlischen Bock-Leiter. Jedenfalls leg jetzt dieses Buch zur Seite - du könntest eine Enttäuschung erleben.
Suchst du einen Guru, wirst du in mir einen Feind sehen!

Die Spiritualität rockt in der Mitte des Seins, wo sich Körper und Geist berühren, küssen und vereinigen: Ein Liebespaar!
Möchtest du im nirwanischen Rock'n'Roll dabei sein?
Do you wanna dance?
Also fordere ich dich im Hier und Jetzt zum Tanz auf! ... Schwing dein Bein hoch ... noch höher! ... ROLL OVER BEETHOVEN ... Ja! ... Heb ab zu einer neuen Schublade ... What the hell ist going on here? ... BORN TO BE WILD! ... schön so, und weitertanzen, kleiner Steppenwolf oder Wölfin!

Drogen

Durch den Genuss von Drogen kannst du deine anerzogenen Denk- und Verhaltensweisen auf den Kopf stellen und abheben bis zur Erleuchtung (Illusion hin oder her!) oder auch abstürzen in den Wahnsinn des Horrors (mehr Realität als Illusion!). LSD, Ecstasy, Fliegenpilz, Koks, Mariuhana und so fort schicken dich auf eine Reise, deren Ziel nicht voraussehbar ist: Gefängnis, Klapsmühle, Erleuchtung oder auf eine bunte Wiese mit Blumen und Schmetterlingen. Durch Drogengenuss kannst du ein neues Bewusstsein erfahren, was auch im Ausleben anderer Sinnenfreuden wie Essen und Sex geschehen kann.
Möglicherweise gibst du zu bedenken, dass Drogen fragwürdig und sogar gefährlich seien. Und als Esoteriker wirst du dich benachteiligt fühlen. Seit Jahren rackerst du dich ab: Du meditierst jeden Tag; monatlich studierst du deine esoterischen Zeitschriften „Wendezeit" oder „Visionen"; im Herbst wie im Frühling machst du deine Fastenkur; und pausenlos erhöhst du deine Geilheit in dein schönes Köpfchen. Dies alles und mehr tust du dir an, um in die Erleuchtung einzugehen. Der andere aber frisst und säuft wie ein Bischof, vögelt herum wie die Nonnen in ihren Träumen, schmeißt sich obendrein noch einen Trip rein, und dieser Lebenskünstler hebt ab zur Erleuchtung. Wie ungerecht wäre doch die Welt, wenn Drogengenuss zur Erleuchtung führte! Der eine müht sich ab, um Erkenntnis über das ewige Leben zu erlangen. Der andere

gibt sich der Lust hin, schluckt einen Trip und schon ist er ins Nirwana abgehauen – auf Nimmerwiedersehn.
Wo bleiben hier die universellen Gesetzmäßigkeiten? Hat der nach Weisheit schmachtende Esoteriker die Erleuchtung nicht eher verdient als ein Lebensgenießer? Gewiss nicht. Das Licht der Erleuchtung scheint in alle Welten. Wenn einer glaubt, das Nirwana sei kein Lustgarten, dann war er dort noch nie spazieren gegangen. Enthaltsamkeit ist ebenso eine geile Sache wie Ausschweifung. Doch solange einer noch aufs Klo muss, sollte er sich nicht von der profanen Welt drücken – sonst bleibt er auf seiner WC-Schüssel sitzen.
Das ganze Leben ist ein Trip voller Drogen. Jede Versuchung, die dich heimsucht, ist eine Droge: Meditation, Musik, Arbeit, TV, Internet, Handy, Askese, Sex, Reden, Autofahren, Radfahren, Wandern, Bücherlesen, Nichtstun – alles Drogen.
Solche Drogen machen nicht süchtig.,
könnte eine Leserin denken.
Ist der Esoteriker nicht süchtig nach geistigen Erkenntnissen?
Nimmst du ihm seine Bücher weg, verliert er den Halt auf seiner Hühnerleiter ins Nirwana.
Ist der Asket nicht süchtig nach Askese?
Bring ihm doch einmal einen Hamburger mit Coke vorbei. Wird er nicht von seinem heiligen Berg ins tiefe Tal runterpurzeln?
Ist der zivilisierte Mensch nicht süchtig nach Arbeit?
Kann er nicht wie ein Räderwerk rotieren, muss er gleich vom Seelenklempner repariert werden.
Und der Suchende ist der absoluten Sucht verfallen.
Er sucht: Sucht.
Du bist süchtig!
Aber ich nehm kein Rauschgift!,
meint jetzt die Leserin.

Gift kann auch als Heilmittel eingesetzt werden. Es kommt nur auf die Dosis an. Das stärkste Gift, die gefährlichste Droge dieser Welt, das ist immer noch unsere ach-so-gesunde-Gesellschaft. Du kannst ihr Gift annehmen, um daraus dein Heilmittel zu entwickeln. Doch achte auf die Potenz wie in der Homöopathie.

Der Genuss von Drogen kann als ein Schuss nach hinten losgehen. Mit Koks, LSD, Amphetaminen und so fort ist nicht zu spaßen. Es kann schon mal vorkommen, dass einer einen irreversiblen Schaden davonträgt. Mit durchlöchertem Hirn, Nadeln im Körper und einem Dauerflash im Auge auf der Strecke zu bleiben, ist nicht jedermanns Sache. Der menschliche Körper wurde nicht als Rakete gebaut, mit der man in Lichtgeschwindigkeit in die Erleuchtung düsen kann.

Drogen sind keine Wundermittel, aber das Leben selbst ist wie eine Droge. Wo du dich im Moment aufhältst, suchst du. Das ist deine Sucht! Jede Sucht, jedes Suchen, ist für den Süchtigen eine notwendige Droge für seine Entwicklung. Der Feinschmecker sucht im Essen, der Psychologe in der Seele und der Drogenkonsument im Rausch. Keine Sucht ist besser oder schlechter als eine andere: Wer einer tolerierten Sucht verfallen ist, wie vor der Flimmerkiste alle Fußballspiele zu verfolgen, und sich zudem eine Linie Koks reinzieht, steht nicht zwangsläufig im Abseits.

Die Suche nach Glück und Wahrheit ist eine ewige Reise nach dem Sinn des Lebens. Immer wieder unterbrichst du die Reise, wenn du stehenbleibst und feststellst: Jetzt habe ich meinen Platz gefunden. Das ist meine Welt! Nun wirst du darauf süchtig und bleibst an deiner neu entdeckten Droge hängen. Eines Tages wirst du dich von dieser Sucht befreit haben und in die nächste Abhängigkeit verreisen. Das ist der Suchende: Er sucht und hängt an seiner Sucht.

Und du?
Bist du jetzt abhängig? Von welchen Süchten? Und was ist mit diesem Buch? Kannst du gar nicht mehr aufhören darin zu lesen?
Schön so! Wir können gemeinsam weitergehen. Ich lade dich jetzt zu einer Reise ein. Ein brandneuer Trip. Und du wirst abheben. Aber pass auf! Dies könnte dein letztes Abenteuer werden. Da gibt es weder ein Zurück noch ein Vorwärts. Also überstürz nichts. Lass dir viel Zeit. Überleg es dir gut. Und sei vorsichtig! Diese Droge ist jenseits aller Illusionen. Im Leben ohne Illusionen zu sein, das ist lebensgefährlich!
Du brauchst nicht weiter zu lesen. Schließ das Buch. Geh mal aufs Klo oder tue sonst was Gescheites. Oder leg dich zur Ruhe, verschlaf diesen Trip, und ich seh dich dann im nächsten Leben wieder!
Bist du immer noch hier?
Und hast du IHN gedreht?
Bist du so süchtig?
Willst du sie wirklich antreten, diese Reise ins Nichts? In die Welt des Seins? Ins Hier und Jetzt? Oder möchtest du einfach nur eine gute Zeit haben?
Das ist ein ewiges Abenteuer!
So heben wir gleich ab. Jetzt rast du zu deinem Flughafen, der irgendwo in deiner Phantasiewelt eröffnet wird ... Schon heute morgen in der Früh angekommen? Also mach den Check-In ... nichts wie los ... steig ein ... und schnall dich an ... der Flieger von HM rollt zur Startbahn ...
HM ist persönlich anwesend, sitzt vorne im Cockpit nicht

ganz alleine: auf dem Schoss einer angezogenen Blondine, der Chefpilotin! Sie bedient die Knöpfe und aus ihrer Bluse holt sie ein Streichholz hervor. Ach ja, jetzt noch die letzte Durchsage an die Fluggäste:

BITTE ALLE EURE JOINTS ANZÜNDEN!

Und ab geht der Flug:

Im Hier und Jetzt
fliegst du im Sein
alles andere ist Schein

Esoterik

Je absurder eine Wahrheit klingt
desto mehr horch sie aus

Esoterik wurde vom griechischen „esoterikòs“ abgeleitet, was soviel heißt wie „innerlich verborgen“. Wer auf ihrer Seite steht, sucht den Sinn des Lebens nicht im Misthaufen der Gesellschaft. Lieber beruft sich der Esoteriker auf die innere Welt, in der das Leben als Ganzes in geistiger Harmonie schwingt, so hofft er, der Einheit, dem Licht, dem Ursprung, also womöglich dem Schöpfer persönlich zu begegnen. Er darf noch hoffen und wir schauen mal der Esoterik in die Augen. Im Rückblick der Gegenwart war sie eine Geheimlehre der Eingeweihten und im Hier und Jetzt ist sie in aller Munde. Die liebe Esoterik hat viele Gesichter und wer einen klaren Kopf behalten möchte, muss ihre Gesetze sehen.

Es gibt keine Zufälle,

besagt ein bekanntes Eso-Gesetz. Wenn dir im Hier und Jetzt ein Blumentopf auf den Kopf fällt, ereignet sich dieser Vorfall nicht zufällig. Vielmehr ist er eine wohlgezielte Entsprechung deiner momentanen Lebenssituation. Der Blumentopf zeigt dir auf deiner Wiese des Lebens, wo du stehst. Es ist dein persönlicher Blumentopf, den du verdient hast. Bedank dich bei ihm! Das Leben ist voller Entsprechungen. Was auch immer sich auf deiner Lebenswiese abspielt: Es entspricht dir.

Es gibt keine Ursachen und Wirkungen,

ist auch so ein Eso-Gesetz. Die Kausalität kann im Moment der Gegenwart nichts bewirken. Willst du für

irgendein Geschehen eine Ursache zur Verantwortung ziehen, musst du in den Rückspiegel des Lebens blicken und die Vergangenheit miteinbeziehen. Im Hier und Jetzt erblickst du den Augenblick.
Der Mann und die Frau von der Straße sind aus dem Hier und Jetzt rausgefallen und kriechen am Wegrand des Seins entlang. In ihrer Hilflosigkeit denken sie über Ursachen und Wirkungen nach, um das Leben wenigstens im Kopf zu verstehen. Wenn dann noch durch eine nicht vorhersehbare Wirkung ihr Leben neu verursacht wird, weichen sie elegant auf den Zufall aus. Mit einem fröhlichen Mix aus Zufällen, selbstdeklarierten Ursachen und Wirkungen hat doch jeder den Durchblick, wie auch dieses Beispiel zeigt:
Wenn ein Mann seine Partnerin nicht befriedigen kann, könnte er die Ursache in der Vergangenheit suchen gehen, womöglich in ihrer Kindheit. Und wenn eines Tages seiner Partnerin ein neuer Mann über den Weg läuft, nennt er dies einen dummen Zufall. Diese Logik hat auch noch einen Namen: Gesunder Menschenverstand! Muss man das verstehen? Nicht unbedingt! Stattdessen verstehst du vielleicht das nächste Eso-Gesetz:
Alles ist mit allem eins!
Dieses Gesetz bemüht auch die Polarität, die besagt, dass zwei sich entsprechende Gegenpole wie Gut und Böse sich immer gegenseitig bedingen. Deine Lebensaufgabe ist es, alle Gegensätze auszuleben und dich mit ihnen zu versöhnen bis zur Vereinigung, um mit allem eins zu werden. Und schon hast du die Polarität überwunden! Nun ruhst du in der Mitte des Lebens: im Sein.
Alles ist mit allem eins!
Bist du auch hin und wieder mit allem eins?
Böse und gut, hell und dunkel, krank und gesund, Mann und Frau, Erde und Himmel und so weiter bis ans Ende der Milchstrasse, und darüber hinaus ... immer dasselbe:

Alles ist mit allem eins!. Wenn du dieses Gesetz umgesetzt hast, fliegst du ins Nirwana, wo du sofort im Club der Erleuchteten aufgenommen wirst. Herzlich willkommen! Aber dieses Gesetz nur einmal im Leben umzusetzen, könnte schwieriger sein, als tausend Bücher darüber zu schreiben. Also verzag nicht gleich, wenn dir dies nicht auf Anhieb gelingt. Und vielleicht brauchst du zwischendurch eine kleine Aufmunterung:

Es geht da ein Gerücht im Nirwana herum, das ich dir nicht verheimlichen möchte. Wir spielen mit offenen Karten! Dieses Gerücht besagt, dass die Mitglieder der Erleuchteten Sechserbande sich oft uneins sind, geschweige denn mit allem eins. Und dieses Gerücht stimmt, ich habe es selbst überprüft!

Wenn du nichts von Gerüchten hältst und nur süchtig nach Wahrheiten bist: Bitte schön, es folgen noch viele Buchseiten davon.

In der Mitte des Lebens ist alles gleichwertig. Wer sich anmaßt festzulegen, was richtig oder falsch ist, hat noch einen weiten Weg vor sich. Ebenso sind das Gute und das Böse keine absoluten Werte. Sie sind wie deine Ansichten einem steten Wandel unterworfen. Vor sechzig Jahren hast du „Heil" gerufen und jetzt willst du von dem Unheil nichts mehr hören. Vor dreihundert Jahren hast du selbst einen Scheiterhaufen angezündet und heute möchtest du eine Hexe sein. Als Junge warst du vom Militär fasziniert und nun stehst du als Dienstverweigerer vor Gericht. Gestern noch hast du eine Wurst geklaut und heute bist du überzeugter Vegetarier. Wie diese Bilder zeigen, kannst du zwischen Böse und Gut ewig hin und her pendeln, um nie in deiner Mitte anzukommen.

Mach doch mal Pause! Zur Abwechslung lege ich dir einen kleinen Ausflug ins Hier und Jetzt nahe.

Das nächste Gesetz kommt, damit du an der Esoterik noch mehr Gefallen findest:

Jedes Wesen ruft sich selbst ins Leben!
Selbstverantwortlich ist es für seine Geburt und seinen Tod. Dieses Eso-Gesetz setzt sich über jedes irdische Gesetzbuch hinweg. Sowohl Opfer als auch Täterin suchen sich (meistens unbewusst!) immer gegenseitig aus. Beide finden durch ihre gemeinsame Tat ihre ihnen entsprechende Lebenserfüllung. Diese Tatsache gilt ebenso für einen abgetriebenen Embryo wie auch für jedes Sexualopfer.
Wer einem Verbrechen zum Opfer fällt, hat in einem früheren Leben das gleiche Verbrechen selbst begangen!,
ergänzt jetzt Buddha.
Ist es der Weisheit dienlich, die Karmalehre so radikal auszulegen?,
fragt nun Sokrates
Ist es der Esoterik dienlich, wenn gewisse Mitglieder der Erleuchteten Sechserbande die Leser verwirren könnten?,
fragt jetzt HM und gibt das Wort der Esoterik zurück:

Wahrheit ohne Widerspruch
ist eine Lüge

In der zivilisierten Gesellschaft wird der Tod unbewusst verdrängt, und so nimmt er die Hintertür, spaziert wieder rein – und dies nicht nur im Kranken-Haus. Doch lässt du dich von einem potentiellen Opfer rufen und drehst du ihm bewußt den Hals um, wirst du von der Gemeinschaft bestraft. Obwohl du jedem Menschen einen Liebesdienst erweist, wenn du ihm hilfst, ins Jenseits abzuhauen. An einen misslicheren Ort als in unsere Zivilisation kann er nach seinem Tod wahrhaftig nicht gelangen. Doch das Töten passt nicht in dein christliches Weltbild. Ist Tod und Geburt nicht ein und dasselbe? Wärst du damals im Jenseits nicht gestorben, wärst du niemals hier im Diesseits

angekommen. Stimmst du dem grundsätzlich zu, aber meinst du, dass letztlich nur GOTT entscheiden darf, wer sterben und leben soll. So lass dich fragen:
Wer bist DU?
Weißt du nicht mehr, wer DU bist?
Erinnere DICH!
Wenn du es vermessen findest, DICH mit GOTT zu vergleichen: So senk jetzt deinen Blick, begeh in Demut deinen Weg, wohin er dich auch führen möge. GOTT sei mit dir!
Das ist Esoterik.
Gefällt sie dir?
Gut!
Belächelst du sie?
Es kommt noch besser !

Noch etwas anderes habe ich dir anzubieten: die unterhaltsame Schublade der Esoteriker, die Jünger des Wassermannzeitalters. Arme Würstchen sind sie, auch wenn sie keine Würste mehr essen. Eine solch geballte Ladung Gift verträgt ihre vermeintliche Reinheit nicht. Stattdessen verschlingen diese Rohlinge viel Rohkost. Und fleuchten sie in ihrem letzten Leben noch als Huhn umher, so picken sie jetzt gackernd immer noch ihre Körner auf, damit es in ihren Hirnen anfange zu keimen.
Der Esoteriker hat unzählige Seminare und Workshops besucht und viele Bücher gelesen. Von der Esoterik eingeweiht, weiß er Bescheid. Angesteckt vom Weisheitsfieber rast er mit glänzenden Augen von einer Weisheit zur nächsten. Der Weg ist das Ziel, und er sitzt in einem BMW. Er kennt seinen Meister, auch wenn dieser ihn nicht kennt. Als Kind hat er an den Osterhasen geglaubt und nun das Ei des Kolumbus gefunden. Er redet von der Liebe, wenn er nicht mit seiner Frau schläft. Er hat ein leichtes Karma, sein Konto ist schwer. Er denkt immer positiv, auch wenn

sein Kind stirbt. Er hat den Schlüssel der Erkenntnis, aber kein Schloss. Er redet von einem guten Wein und gießt Essig ein.

Wer immer noch in die Esoterik einsteigen möchte, kann dies über die esoterischen Lehren tun, da sie auf die Eso-Gesetze bauen und eine Brücke schlagen von der profanen zur geistigen Welt. Sein Rüstzeug holt er auf dem Eso-Markt, wo von Astrologie bis Zen alles angeboten wird. Jeder kann da ein neues Hobby, eine Ersatzreligon oder seine kleine Erleuchtung finden.
Über die Anwendungen der esoterischen Lehren kannst du dein Bewusstsein bereichern. Setzt du die Eso-Gesetze um, wirst du ein versöhnlicher Mensch, der sich mit dieser Welt ausgesöhnt hat. Nun bist du Luft und Erde, Wasser und Feuer, Frau und Mann, Säufer und Asket, Nymphomanin und Nonne, Schmetterling und Blume, Spatz und Adler zugleich. Du kannst dich mit Schnitzel, Pommes frites und Konservenkost verköstigen, ebenso gut gar nichts essen und dich nur von Licht!? ernähren: Guten Appetit! Du kannst die Rolle der Bankdirektorin und die der Obdachlosen durchspielen oder in einem Frauenhaus als Betreuerin arbeiten und auf der Straße einen Hund bedrängen.
Ist das nicht sexueller Missbrauch?,
fragt jetzt eine verstörte Leserin.
Das musst du den Hund schon selber fragen ... unter gewissen Umständen hat er auch seinen Spaß dran gehabt. Eigentlich geht dich dies gar nichts an. Er steckt seine Schnauze auch nicht in deine persönlichen Angelegenheiten, möchte ich doch meinen. Ein ausgesöhnter Mensch darf alles tun und gleichermaßen alles sein lassen, auch den vernaschten Hund.

Unsere Schöpfung verehrt ALLES
sonst wären wir ALLE gar nicht hier

Der Esoteriker orakelt, was er unbedingt tun oder unterlassen soll. Nichts einzuwenden ist gegen TM, Hot-Yoga, Shiatsu, Tao, Qui Gong, Feng Shui und anderen Satsang, auch wenn man des Chinesischen nicht mächtig ist. Die exotische Buntheit der Esoterik kannst du in dein Leben reinbringen, um einen neuen Film zu bekommen. Halte Rückschau nach deinen früheren Leben und wortwörtlich wirst du sehen, wie du für dein ganzes Dasein selbstver-antwort-l-ich bist. Geh zum Astrologen, um dich im Kosmos vernetzen zu lassen. Sprich mit den Toten, um interessante Selbstgespräche zu führen. Schwing dich empor zum Magier oder zur Hexe und du wirst eines Tages den Boden unter den Füßen verlieren. Iss kein Fleisch mehr, um dann die Würmer auf deinem Salatblatt besser zu sehen.
Je wachsamer du die esoterischen Lehren anwendest, desto schneller wirst du diese Spielchen hinter dir lassen. Dann machst du den nächsten Schritt auf deinem Weg. All die Enttäuschungen wegräumen, die dir die Täuschungen deiner esoterischen Heldentaten hingestellt haben: Alles nur Illusionen!
Dem erlauchten Esoteriker hat das noch gefehlt, dass seine Esoterik auch auf Illusionen fußen soll. Zwar ist jeder Esoteriker bestens darüber informiert, wie die profane Welt von Illusionen getragen wird, dass aber seine Birchermüsli-Spiritualität auch auf Illusionen beruht, steht nicht in seinem Horoskop.

Das Spiel der Illusionen verbirgt sich in allen menschlichen Bewusstseinsstufen. Sage einem Mistschlucker, sein profanes Leben sei Illusion. Gallig würde er wiehern und dich einen Esel schimpfen. Bockig hält er sich an seinem Mistkübel fest. Ließe der Mistologe das profane Leben aus seinen Pfoten gleiten, würde ihm ein duftender Reigen voller Illusionen entgegenkommen. Verabschiedete der

Esoteriker seine Weisheiten, würde er von den Täuschungen der geistigen Welt begrüßt werden.

Merke:
Als Esoteriker lebst du gefährlicher als ein Schlittschuhläufer
Auf dem Glatteis des Wassermannzeitalters
fliegst du fortwährend auf die Nase
ohne zu bemerken
dass du keinen Boden unter den Füßen hast

Die esoterischen Lehren können eine Orientierungshilfe sein: Über ihre Anwendung wirst du dich an den Ursprung erinnern, wo das Abenteuer „Kosmos" von der Schöpfung immer wieder neu inszeniert wird. Wer aber in der Esoterik hängen bleibt, ist nur ein Anhänger der geistigen Welt. Er hängt an seinen Wahrheiten, die dadurch nicht wahrer werden, nur weil er sie mit vielen Gleichgesinnten teilt, und das Ganze als „Inneres Wissen" verkauft wird.
Mit deinem Wissen kommst du nie ans Ende der Welt, geschweige denn darüber hinaus - kein Ursprung in Sicht. Erst dann, wenn du alles losgelassen hast, auch deine geliebte Esoterik, bekommst du ein Sprungbrett unter die Füße, um vom Turm der Illusionen zu springen ... Bist du gesprungen, wirst du lächeln wie ein Baby: Naiv und rein - unendlich weit weg von all den besudelten Wahrheiten dieser Welt.
Lächelst du auch schon?
Nein?
So bist du noch nicht gesprungen.
„SPRING!",
rufe ich dir zu.
Doch du springst nicht!
Weshalb springst du nicht?
„Ich habe Angst!",
rufst du mir zu.

Eine Antwort aus dem Hier und Jetzt:
Spring doch mal zurück ... noch weiter zurück in deinem Leben ... Ja! ... zurück bis in deine Kindheit ... und siehst du schon diese wundervolle Wiese mit den Blumen und den Schmetterlingen? ... Spring da rein! Sei wieder mal ein Kind! ... und fang an zu staunen über all die kleinen Wunder des Lebens ...

Ich weiß
dass ich nichts weiß
Sokrates

Erleuchtung

Geschätzter Leser
und geschätzte Leserin,

ich möchte dich nicht im Dunkeln halten:
Unsere Schublade Erleuchtung habe ich über den Rand mit Mist aufgefüllt. Ein Misthaufen!
Nur ist das nicht für jede Leuchte sehr einleuchtend, wie man Erleuchtung mit Mist beleuchtet, hat es mir im Hier und Jetzt geleuchtet.
Um doch noch ein Licht in diesem Mist scheinen zu lassen, belichten wir jetzt diese Schublade mit einem neuen Titel:

Erleuchtung im Misthaufen

21/12/2000 Winterthur

Mist hellen Grüßen
HM

Erleuchtung im Misthaufen

Jedes Glühwürmchen ist heller erleuchtet
als die Glorienscheine aller Heiligen zusammen

Was soll nun diese Schublade? Erleuchtung im Misthaufen? Ist Erleuchtung nicht das abgehobene Thema der unterbelichteten Esoteriker? Welcher realistische Mensch kann sich für so etwas Weltfremdes begeistern? Und der Misthaufen, soll das die feine Gesellschaft sein? Stellt sie nicht viele leckere Dinge bereit, die dein Leben bereichern?

Wäre es jetzt nicht an der Zeit, wieder einmal ein gutes Lokal zu besuchen? Als Ex-Kellner vom Opera-House-Restaurant in Sydney möchte ich dir heute Abend die Vorspeise servieren: Ein nett angerichtetes Rindfleisch-Carpaccio, in dessen Saft ein BSE-Erreger und mindestens zehn Millionen Salmonellen sich feindlich gegenüberstehen. Sie machen sich die Vorherrschaft über deinen Teller streitig! Wenn du jetzt noch mit Gabel und Messer dazustößt und ihre feindlichen Stellungen durcheinanderbringst, werden diese Mikrodinger wahrscheinlich sofort aufeinander losgehen und dadurch könntest du noch den Dritten Weltkrieg auslösen! Das ist kein Witz, wenn du die Chaostheorie ernst nimmst. Guten Appetit! Die Hauptspeise kommt. Sie ist vorzeigbar: Kalbsbrust, prall gefüllt mit gespritzten Sexualhormonen und dezent abgeschmeckt mit Antibiotika. Rundherum fröhliche Gentomaten, gedünstet im sauren Regenwasser. Als feierlichen Abschluß werden gefärbte Erdbeeren und ein meisterlich

gefälschtes Vanilleeis gereicht. Immer öfters funkelt das Kristallglas in deiner Hand, stets neu aufgefüllt mit geschwefeltem, gezuckerten Baron Rothschild. Und dies alles bei Kerzenlicht in der Reichweite eines immer leicht erröteten Gegenüber zu genießen, ist doch ein Ausdruck voller Lebensfreude.
Wer möchte sich jetzt der Erleuchtung hingeben?
Tagsüber gibst du dich deinem Beruf hin: Ein ganzes Leben lang wie eine flotte Biene zu arbeiten und jeden Arbeitstag mit Klatsch und Mobbing zu versüssen, ist doch der ideale Traumjob.
Wer will sich jetzt noch bei der Erleuchtung bewerben?
Dein Feierabend erteilt dir keine Absage. Du gehst in deine Stammkneipe. Wie ein Batteriehuhn auf der Stange darfst du an der Theke hocken und mit deinen besten Freunden die hochwichtigen Dinge des Lebens bereden.
„In" bist du jetzt und die Erleuchtung „out".
Vielleicht möchtest du dich als eine große Persönlichkeit outen. La grande dame! Jeden Wintertag sieht man dich im Robbenpelz die Bahnhofstraße hochstolzieren und am Abend darfst du deinen hochkarätigen Schmuck in der feinen Gesellschaft vorzeigen. Und was immer weniger vorzeigbar ist, wird immer öfters beim Modearzt in Rechnung gestellt. Das Verwelken und Auseinanderfallen fadenscheinig zu vertuschen – ist das nicht schöner als Erleuchtung?
Wie sie leuchten und flackern, die brennenden Kerzen! „Oh du fröhliche!" Einmal im Jahr feierst du Weihnachten. Eine beschauliche Zeit. Noch einmal darfst du dem Christkindlein vorsingen: „Oh Tannenbaum, wie grün sind deine Blätter!" Danach fährst du als Autofahrer wieder triebhaft deinem Ende entgegen und hilfst mit, dass die Borkenkäfer dich noch überleben.
Ist Autofahren nicht lebensnaher als Erleuchtung?
Jeder Autofahrer ist ein Soldat der Straße, ein auto-risierter

potenzieller Mörder. Kein Strafzettel bitte! Alle Übertretungen sind dazu da, begangen zu werden. Jeder Erleuchtete war auch einmal ein Verbrecher, sonst wäre es immer noch dunkel um ihn.
Wenn dir dies alles nicht reicht, kannst du dich ins Reich der Esoterik einweihen lassen. Jetzt darfst du in der Astrologie erstarren, dich in der Antroposophie versteinern, in deiner Bücherflut ertrinken und über deine früheren Leben große Worte verlieren.
Ist ein Spaziergang durch den Eso-Markt nicht anregender als die Erleuchtung?

Wie du siehst, bietet dir unsere Welt auch viele Möglichkeiten zur Selbstverwirklichung. Da braucht doch keiner mehr mit der Erleuchtung vorbeizukommen. Vielleicht begehrst du jetzt auf: Oh doch! Erleuchtung ist kosmisches Bewusstsein, dies heißt doch, eins zu sein mit dem Kosmos.
Das klingt ja interessant: Eins zu sein mit dem Kosmos!
Aber was soll Erleuchtung ausgerechnet im Misthaufen, der eine irdisch schöne Gegend in unserer Milchstraße zum Umkippen bringt?
Was soll Erleuchtung hier, wo jeder Schlachter mehr Mitgefühl mit einem Schwein hat, als irgendein Arzt mit seinem Patienten?
Was soll Erleuchtung dort, wo Un- und Schuldige zum Tode verurteilt werden?
Was soll Erleuchtung hier, wo die Natur mit Schuhen getreten wird?
Was soll Erlcuchtung überall, wo die Rüstungsindustrie und Industrialisierte Landwirtschaft beheimatet sind?
Ja, was hat die Erleuchtung in so einer Gesellschaft zu suchen?
Kurzum, was soll das: Erleuchtung im Misthaufen?

ALLES

Erleuchtung ist nicht davon abhängig, ob deine Mitmenschen den Kopf in den Mist stecken und deine Umwelt verdirbt. Erleuchtung zu erlangen, ist deine persönliche Aufgabe. Das einzige, was du auf dieser Welt erhellen kannst, ist *dein Bewusstsein*.
Ist das nicht egoistisch, das Bewusstsein auszudehnen, anstatt der Gemeinschaft zu dienen?
Wer den anderen helfen *muss*, ist egoistisch. Unfähig sich selbst zu helfen, verdrängt er dies, indem er vor seinen inneren Problemen in die äußere Welt ausweicht. Er ist der Handlanger seines Egos. Er lässt sich stets von seinem Ego tyrannisieren, das ihm befiehlt, die verlorene Umwelt zu retten. Da er nie handfeste Resultate vorweisen kann, treibt ihn sein unzufriedenes Ego von einer Tat zur nächsten ... bis an sein Lebensende. Wenn ein todgeweihter Patient einen Blumenstrauß geschenkt bekommt, wird er dadurch auch nicht gerettet, bestenfalls wird er sich an den Blumen erfreuen können. Amen!
Das Gleiche gilt für die Umwelt; wem sie nicht gefällt, muss sie *neu erschaffen!* Wer dies nicht begreift, hat auch Nullahnung davon, wie man Spagetthi al dente zubereitet. Jedes Kind weiß, wenn diese lustigen Würmer zu lang gekocht wurden, kann man sie im Nachhinein nicht mehr al dente nachkochen. Die Teigwaren sind zu weich ... ihr ganzes Leben lang. Wem dies nicht gefällt, der muss die Spagetthi wegkippen und einen neuen Topf aufsetzen. BASTA PASTA!
Dein Bewusstsein zu beleuchten bedeutet, dich mit deinen versteckten Problemen selbst auseinander zu setzen, ohne sie auf die Umwelt zu projizieren. Jetzt wird für dich ersichtlich, wie du dich und deine Sicht über die Umwelt selbst errichtest.
Ist das denn so falsch, anderen Menschen zu helfen?, könnte jeder Mensch fragen.
Es gibt kein Entweder-oder, sondern immer nur ein So-

wohl-als-auch. Wenn du helfen möchtest, so strecke deine Hand aus. Ob du dabei deinem Ego dienst oder selbstlose Hilfe leistest, sei deiner Definition überlassen. Du hilfst dir selbst, wenn du dem anderen hilfst. Freude bringen, bringt Freude.

Licht und Erleuchtung sind eins. Der Erleuchtete ist wie ein Funke des Lichts. Die schattenreichen Wolken seines Egos wurden vom Winde verweht. Seine Sicht ist klar und hell. Er strahlt wie ein neugeborener Stern.

Im Schatten der Welt ist der normale Mensch zu Hause. Blind und taub geht er seines Weges. Nie hat der Normale die leiseste Ahnung, woher er angewackelt kam, wo er sich zur Zeit befindet und wohin er sich verirren wird. Kein Wesen der Milchstraße ist so komisch drauf wie der normale Mensch. Er ist ein unbewusster Masochist: Tut ihm etwas weh, lässt er sich von der Schulmedizin noch ganz fertig machen. Er ist ein bäumiger Sadist: Er fährt Auto, ohne spüren zu wollen, wie jeder Baum sich vor Schmerz zusammenkrümmt. Er ist zeitlos verdreht: Er lügt rund um die Uhr, bis ihm die Stunde der Wahrheit schlägt.

Von seiner Wahrheit ist der Erleuchtete geheilt. Mit allen Wahrheiten ist er eins. Sein festes Ego hat er in Stücke gehackt, im Feuer verbrannt und die Asche wurde vom Atem des Lebens weggewischt - nichts ist übriggeblieben. Er fühlt in jeder Zelle, dass er ein witzig winziges Abbild der Unendlichkeit ist. Er verkörpert den Kosmos in menschlicher Gestalt. Der Erleuchtete ruht im kosmischen Bewusstsein. All-umfassend ist er; das All umschließt ihn und er umarmt das All.

Der normale Mensch engt sich ein, fixiert auf sein Ego. Ein Ego, das in Wahrheit wenig wert ist. Er hat nur den Bezug zu seiner Wirklichkeit, folglich erfährt er nur seinen Teil vom Ganzen, wenn überhaupt. Wenn der Normale ausgeraubt wird, ist für ihn die Welt nicht mehr in Ordnung. Er empört sich über diese Ungerechtigkeit. Er selbst plündert stets die Dritte Welt und die Natur. Seine Raubzüge sind ihm zur Gewohnheit geworden, so alltäglich, dass sie ihm gar nicht mehr auffallen. Reine Routinesache!

Wird der Erleuchtete erleichtert, lächelt er. Das ganze Leben ist ein Geschenk. Nehmen und Geben ist für ihn ein und dasselbe. Er weiß, dass gerechter Besitz ein Ding der Unmöglichkeit ist. Alles gehört allen! Wenn du von irgendeiner Sache behauptest, sie gehöre dir allein, dann bist du ein Dieb.

Erleuchtet sein heißt: Das Paradies neu zu entdecken, nicht oben im Himmel, sondern hier unten auf Erden. Der Erleuchtete hat das irdische Paradies gefunden. Seine Füße stehen auf dem Boden der Vergangenheit, sein Scheitel teilt die Zukunft entzwei und seine Augen blicken in den Augenblick der Gegenwart.

Der Normale verflucht die Vergangenheit oder trauert ihr nach. Er übersteht die Gegenwart. Er träumt von einer Zukunft, die nie kommt.

Diese trübe Tasse scherbelt jenseits vom Hier und Jetzt!

Geschichten aus dem Alltag:

Ein Mistkäfer und ein Erleuchteter nehmen eine Mahlzeit ein. Wie benimmt sich der Vielfraß, während er isst? Er diskutiert über Rinderwahnsinn und den Sinn des Lebens oder überlegt sich, welcher Sexkrimi ihn heute abend anmachen soll, oder geilt sich über seine Nachbarin auf, die ihre Fensterrolläden schon am hellichten Nachmittag runterlässt. Der Erleuchtete feiert beim Essen Mahl-zeit: Er mahlt Zeit. Er ist Essen. Da er sein Bewusstsein ausgedehnt hat, grenzt er sich weder von seiner Umwelt noch von seinen Speisen ab - und so verspeist er sich teilweise selbst.

Es existiert nichts in unserem Universum, was außerhalb deines Körpers liegt. Das einzig scheinbar Trennende

zwischen allem ist die Materie – und sie ist Illusion. Ob Materie oder nicht, das ist ein harter Brocken! Da kann man sich die Zähne ausbeißen! Ein blendendes Beispiel dafür sind alle Erleuchteten, die ein künstliches Gebiss tragen. Was man von HM nicht behaupten kann: Er hat einen Zahn zuviel! Einen letzten Milchzahn, der ihm nicht rausgefallen ist – solange er davon keine Zahnschmerzen bekommt, kann er darüber lächeln.
In einem Bahnhof stehen ein Mistkäfer und ein (zahnloser?) Erleuchteter. Sie machen sich bereit für die Fahrt. Was tut nun der schlaue Käfer? Er wartet auf den Zug! Er erholt sich nicht im Moment der Gegenwart. Er schaut in die Zukunft, um auf den Zug zu warten. Dieser Visionär harrt schon sein ganzes Leben auf Ereignisse, die dann doch nie eintreten. Im Bahnhof wird er immerhin nicht enttäuscht werden. Das ist einer der wenigen Orte, wo er noch etwas erwarten darf, was dann auch tatsächlich eintrifft. Der Erleuchtete findet die Insel des Glücks, auch im Bahnhof; immerzu und überall staunt er über alles und nichts. Er muss nicht auf den Zug warten, der wird nämlich von selbst ankommen.

Im Hier und Jetzt scheint die Erleuchtung jeden Tag, auch wenn schwarze Wolken aufziehen. Du flüchtest weder aus der Vergangenheit noch fliehst du in die Zukunft. Jetzt liegt die Vergangenheit in der Zukunft und sie selbst in der Vergangenheit.
Erleuchtet sein bedeutet: Eins sein mit allem. Deine Seele ist schon mit allem eins. Du musst dich nur an sie erinnern. Der Erleuchtete erinnert sich an sein Inneres, zudem schöpft er Kraft aus der äußeren Welt, auch aus der Gesellschaft.
Dieser Misthaufen ist ein guter Nährboden: dein Dünger. Sei aber vorsichtig! Zuviel Dünger ist Gift für zarte Blumen. Die Gesellschaft ist eine Herausforderung an dich.

Tag für Tag wirst du mit ihren halbverdauten Gesellen konfrontiert, damit du realisierst: Vergoren wie diese Halbverdauten darf ich nie werden.
Auch diese Menschen sind deine Eintrittskarten ins Paradies! Nur wenn du sie alle liebst und dich dazu, kannst du dich ausdehnen. Liebe ist das einzig Wirkliche im Universum, sie verjährt nie - Liebe ist!,
spricht jetzt Aphrodite aus nächster Nähe.
Danke, meine Liebe!, für die schönen Worte.
Der Misthaufen ist der Gegenpol der Erleuchtung, deshalb ist sie nur über diesen Pol, dem Mist unserer Gesellschaft, zu erreichen. Allein schon der Geruch ihrer Fäulnis kann in dir die Sehnsucht wecken, nach Reinheit und mehr Licht. Mach dich auf den Weg! Im Nachhinein kannst du dich vor der Gesellschaft verbeugen und dich bei ihr bedanken. Sie war es, die dir geholfen hat, ein neuer Mensch zu werden, obwohl sie ein hinterhältiger Wegweiser ist. In ihre Richtung zu kriechen, ist die sicherste Methode dem Licht zu entgehen. Ihr Weg weist in eine Grube und ins Licht führt die entgegengesetzte Richtung!
Der Erleuchtete wünscht sich gar keine menschenwürdige Gesellschaft. Wäre diese Jauchegrube nicht am Überlaufen, hätte er vielleicht nie schwimmen gelernt und Kurs genommen auf die Insel des Glücks.
Der Bock in der Grube macht Sündenböcke für sein Dasein verantwortlich. Er wälzt seine Selbstverantwortung auf die Umwelt ab, von der er sich immer mehr entfernt. Der kleine Erleuchtete ist die Selbstverantwortung. Er grenzt sich von nichts ab. Alle Grenzen hat er überschritten. Sein Schatten von früher, den er aufgelöst hat, führt ihn nicht mehr hinters Licht. Er ist Licht. Der Erleuchtete begreift die ganze Welt (oder nichts?) und fast keiner versteht ihn. Er kennt alle Wege, auch den in die Einsamkeit - ein steingrauer Weg.
An Stätten führt er dich vorbei, wo du dich gottlos verlas-

sen fühlst und dich für alle Ewigkeit verloren glaubst. Du entdeckst ein neues kreatives Bewusstsein und dir wird auch bewusst, dass deine Mitmenschen dir nicht nachfolgen können.
Du erlebst die Freude des Wachseins - und die Toten schlafen weiter.
Du hast deine verlogene Maske niedergerissen - und alle haben weggeschaut.
Du hast deine harte Kruste aufgebrochen - und alle haben sich abgekapselt.
Du hast dich gekrümmt in Schmerzen und gesonnt in Freuden - und keiner ist dir gefolgt.

Die Erleuchtung kann in dir ein Gewitter auslösen und der Blitz des Wahnsinns trifft dich. Das ist weiter nicht dramatisch. Der Wahnsinn ist heutzutage kein besonderes Thema. Die Idiotie hat sich in den Alltag durchgebissen. So eine Bestie wie unsere Gesellschaft hat diese Milchstraße seit dem Urknall nicht gesehen. Der Wahnsinn aber, der dich auf dem Weg zur Erleuchtung besucht, ist heilsam. Er kann weder versteckt noch verdrängt werden. Lebe den Wahnsinn, sonst kommt das Genie nie durch.
Deine Mitmenschen ahnen, dass die Reise zur Erleuchtung nicht als Last-Minute-Flug gebucht werden kann. Sie fahren lieber Achterbahn im Leben, um von einem Misthaufen zum nächsten zu sausen. Sie können den Mist ihres Lebens nicht entsorgen, das ist ihre große Sorge. Würden deine Mitmenschen ihre Achterbahn verlassen, wären sie in etwa verloren wie eine Wildsau im Zen-Kloster.
Auf deinem egozerreißenden Weg ins Licht wird in dir ab und zu die Wut hochsteigen. Fragen wirst du dich:
Warum kann ich nicht ein stinknormales Leben führen, so wie jeder Mistkäfer auch?
Hast du dich aufgerafft, den Stein des Weisen zu finden, gehst du vorwärts - zurückkehren kannst du nicht mehr.

Einmal das Licht gesehen, und schon befindest du dich auf dem direkten Anflug zur Sonne des Lebens. Und noch so viele Lichtjahre liegen vor dir! Aber du hast auch unendlich viel Zeit!

Aber vergiss deine Sonnenbrille nicht, wenn du ein Date mit der Erleuchtung hast. Sie kann dich blenden! Und wie! Zu viele Menschen geben sich der Selbstüberschätzung hin, erleuchtet zu sein. Den ganzen Tag lallen sie mystisches Zeug, stellen ihre glänzenden Augen zur Schau, polieren ihr drittes Auge und glauben glasklar durchzublicken. Wer glaubt, er sei erleuchtet, also vollends erwacht, darf gleich wieder einschlafen.
Gibt es untrügliche Zeichen, die beweisen, ob ein Mensch erleuchtet ist oder nur von einer Illusion geblendet wird? Ist einer erleuchtet, wenn er glaubt, alle seine Vorleben zu kennen, sich siebenhundertsiebenundsiebzig Jahre in Askese geübt hat und sich vom Boden abheben und durch Wände gehen kann? (Das ist ein Astralwanderer.) Wie weiß ein Mensch, ob er selbst erleuchtet ist? Oder kann einer erleuchtet sein, ohne es zu wissen? Wie wissen die Schäflein eines Gurus, ob das ewige Licht über ihm scheint? Und wieviel Mal hast du dich schon gefragt, ob HM erleuchtet ist?
So viele Fragen!
Und wer weiß die Antwort?
???
Niemand?
So lass uns weiterfragen:
Können all diese Gurus, die auf dem Eso-Markt feilgeboten werden, irgendeine Antwort geben? Und haben diese geklonten Buddhas die richtige Sonnenbrille auf, so dass sie von der eigenen Erleuchtung nicht geblendet werden? Und schlussendlich die große Frage: Wo ist sie geblieben, die kleine gelbe Badeente aus deiner Kindheit?

Eine Antwort: Alle Gurus sind baden gegangen, ohne durchzusteigen, dass sie im Lichtermeer der Erleuchtung schon längst ertrunken sind. Am Horizont schwimmt ein gelbes Entchen, schaukelnd zieht es seinen Kreis.
Erleuchtung ist kaum erklärbar, aber erfahrbar. Lösch deine hellen Vorstellungen über sie aus!
Wie weißt du nun, ob einer deiner Mitmenschen oder dein persönlicher Guru erleuchtet ist?
Deinem Ego entsprechend haftest du zu sehr an deiner eigenen Einbildung, was Erleuchtung sein könnte. Das ist dein persönliches Wunschbild – es gilt nur für dich. Wenn du noch jemanden findest, der in dieses Bildnis hineinpasst, wirst du behaupten, dieser Mensch sei erleuchtet. Womöglich wirst du in ihm einen Guru sehen und alles unternehmen, um seinen Lichtschalter zu finden. Eines Tages wirst du mit derselben Lichtstärke strahlen wie dein Guru und klar sehen, wie ihr beide noch lange nicht vom Licht ganz erhellt seid. Damit du wie auch er weiterleuchten könnt – hinein zur nächsten Erleuchtung.
Und wie steht es um unseren HM?
Der kann ja alles schreiben!,
denkt ein schlauer Leser.
Und ist er nun erleuchtet?
Und als jüngstes Mitglied der Erleuchteten Sechserbande hat er die Antwort auf so eine banale Frage: Er isst jetzt eine Banane.

Und was dich betrifft:
Sei ein erleuchteter Mistkäfer!

Der Weg

Am Ende der Finsternis
glitzern die hellsten Sterne

Bevor wir nach den Sternen greifen, möchte ich dich fragen: BSE?
Alles klar?!
BSE?
Biste-Schon-Erleuchtet?
BSE? In größter Wahrscheinlichkeit schüttelst du den Kopf. Bücher hast du verschlungen - die Erleuchtung ist nicht hochgekommen. Gurus hast du ein Loch in den Bauch gefragt - die Erleuchtung hat dicht gehalten. Immerzu hast du positiv gedacht - die Erleuchtung hat dich ausgelacht. In der Askese hast du den Schwanz eingezogen, ihn in der Erotik erzogen - die Erleuchtung ist nicht eingezogen. Jeden Tag stehst du auf dem Kopf - die Erleuchtung ist flachgefallen. Nun hast du dich bis zu dieser Buchseite durchgelesen - und die Erleuchtung schaltet sich jetzt aus!

Hast du deine Nacht gesehen?
Möchtest du in deiner Finsternis einen Spaziergang machen?
Deine Sonnenbrille kannst du vergessen, eine Taschenlampe bringt jetzt mehr. Nimm meine, wenn du keine zur Hand hast, und leuchte rein in deine Finsternis. Siehst du diese riesige Schutthalde vor dir? Das Reich deines Schattens, wo du alle Irrtümer und Verdrängungen des Lebens angehäuft hast. Dein persönlicher Misthaufen, streng behütet von einem Ego, das sich wie ein kleiner Gott aufführen kann. Wenn du nach den Sternen greifen möchtest, um einen Schimmer von der Erleuchtung zu bekommen, musst du vorerst dein Ego besiegen: dein einziger Feind.
Die hirnrissigsten Politiker und die schizophrensten Psychiater und die pubertierendsten Offiziere und die unrichtigsten Richter und die verwaltendsten Staatsanwälte und die kriminellsten Polizisten sind nicht deine wirklichen Feinde.
Außer dir selbst hast du keine Feinde in der Welt.
Weder Rassistinnen, Sexistinnen, Feministinnen noch Kampfhündinnen kannst du dir als deine Feinde aufhalsen.
Weder Raucherinnen noch Missbraucherinnen kannst du als Feinde verbrauchen.
Weder die Verfechterinnen der Atomkraft, der DNS-Forschung noch die Befürworterinnen der virtuellen Menschheit sind deine realen Feinde.
Weder die Rechten noch die Linken sind deine Feinde, wenn du in der Mitte stehst.
Wer möchte da noch weitere Feinde hervorzaubern?
Wenn das nächste Weltwirtschaftsforum in Davos abgehalten wird, fallen dir auch von diesem Zauberberg keine neuen Feinde entgegen. Am 27. Januar 2001 stellte die Polizei von Graubünden Güllewagen bereit, um im Ernstfall die Globalisierungsgegner mit Jauche abzuspritzen. Das ist

kein Schnee von gestern:
Die saubere Schweiz ist der demokratischste Misthaufen der Welt!,
ruft jetzt Wilhelm Tell aus dem Jenseits.
All diese scheinbaren Feinde haben es doch gar nicht verdient, deine echten Feinde zu sein, möchte ich meinen. Du kannst sie als falsche Feinde missbrauchen und deine dunklen Seiten in sie projizieren, um deine Feindbilder zu schießen. Du kannst dich auch selber am Kragen packen und dein Ego aus dem Sumpf ziehen.
Das Ego zu bereinigen, scheint im Leben das Unmöglichste zu sein, insbesondere wenn einer meint, keine Probleme mit sich selbst zu haben. Ich bezweifle nicht, dass du ein großartiger Mensch bist und dein Ego dir um nichts nachsteht. Warum es loslassen, wenn du mit dir selbst zufrieden bist! Bist du es? Und hast du auch schon mal an dein Ego gedacht? Ist es mit dir auch zufrieden? Oder will es nicht schon längstens abhauen?
Wer das Ego loslassen möchte, muss zuerst wissen, wieweit sein Radius reicht. Das Ego schaltet und waltet im Kopf und Bauch eines jeden Menschen, ebenso nimmt es teil an der Gesellschaft: Das absolute Superego, am Leben erhalten von sehr vielen individuellen Egos, die mehr oder weniger alle das Gleiche im Schilde führen. Und wer sein Ego loslässt, wird nicht plötzlich egolos dastehen. Er bekommt ein neues Ego geschenkt, erhellt von ein paar Sonnenstrahlen mehr.

Wenn dein Ego nichts dagegen hat, bist du eingeladen in seinem dunklen Revier unseren Spaziergang anzutreten. Hast du die Taschenlampe an? Und siehst du diese schöne Erscheinung vor dir? Die Verpackung deines Ego!
Jeder ist derart vom Körper eingenommen, dass er zu behaupten wagt: *Das ist mein Körper!* Gewisse lustige Dinge an ihm müssen vor der Öffentlichkeit versteckt wer-

den. Sein Geschlecht dürfen seine Artgenossen nicht bestaunen, ausgenommen der oder die Auserwählte, den er oder sie an sich ranlässt. Derart besessen vom eigenen Fleisch, macht man vor nichts mehr halt. Der Körper wird verteidigt und es wird signalisiert: *Fass mich nicht an!* Ihr Körper darf weder von einem fremden Mann noch einer fremden Frau angefasst werden. Ansprechbar und weniger zimperlich ist man in jeder Sprechstunde, in der Männer wie Frauen sich bereitwillig ausziehen und von Herrn oder Frau Doktor sich noch über den Tisch ziehen lassen. Für diese Nummer sind die Opfer sogar bereit, mit Kranken-Kassenbeiträgen im Voraus zu bezahlen. Und diejenigen, die meinen etwas ganz Besonderes zu sein, prahlen noch: Schau – ich bin ein Mann! Schau – ich bin eine Frau! Und du?

Hast du dich inzwischen ausgezogen?

Und möchtest du dich noch von deinem Körper lossagen? Wenn du diese verlängerten Beine und eine unnatürliche Oberweite hättest wie die schöne Claudia Schiffer auf den Plakatwänden von H&M (Hennes & Mauritz), würde es dir sicher leicht fallen, deinen Körper loszulassen.

Nur ziehen wir hier keine Modeschau ab!

Und du ziehst dich jetzt augenblicklich ganz aus! Hast du das enge Kleid deines Körpers abgelegt, kommt mehr zum Vorschein als nur ein Mann oder eine Frau. Jetzt bist du Objekt und Subjekt, Weib und Mann, Arzt und Patient, Mensch und Umwelt. Entblätterst du deinen Körper, wirst du neue Knospen bekommen und selbst zum Lebensbaum werden: Ein ganzer Mensch.

Ist das für dich eine Nummer zu groß?

Du kannst im Kleinen anfangen, um den Horizont über deinen Körper zu erweitern. Relax und entspann dich! Warte auf einen Besuch, es ist nur eine Frage der Zeit und des Ortes, bis dich wieder mal eine kleine Stechmücke besucht. Sie möchte sich nur an deinem Lebenssaft stil-

len. Du bist literweise voll gepumpt mit Blut, ein Tröpfchen davon reicht ihr. Fällt nun dieses winzige Biest über dich her, so lass es gewähren. Sei einmal kein Schlächter! Wahrscheinlich wirst du jetzt nicht gestochen, da du dich gegen Insektenstiche nicht mehr zur Wehr setzt.
Besticht dich dies?
Nee?
Vielleicht solltest du mal als Stechmücke auf die Welt kommen, um deinen Horizont zu erweitern ... Tschüss ! Und ich wünsche dir jetzt schon einen guten Flug und viel Appetit!

Wer immer noch im Dunkeln steht, aber einen gescheiten Kopf hat, kann alle Gedanken auslöschen, die in sein Hirn gebrannt wurden. Mach dir nichts mehr vor! Durchschau dich! Bohr ein Loch in deinen dicken Schädel! Alle Gedanken kannst du ausblasen und neue Ideen in dir zünden lassen, um sie irgendwann wieder auszuhauchen. Puste deinen Verstand aus, und erst dann wirst du verstehen. Stets behindert der Mensch sich selbst mit seinen Gedankenmustern, die nichts Neues hineinlassen wollen. Sieht oder hört der Musterknabe irgendetwas, geht er automatisch sein Hirn absuchen. Er möchte aufspüren, ob es in seinem Kopf bereits ausgewiesen ist, um es entsprechend einzuweisen. Sollte der Focus in seinem Hirn kein Abbild für das finden, was er in seiner Außenwelt wahrnimmt, weist er das ihm noch Unbekannte zurück. In dieser Galerie ist kein Platz, um seine festgenagelten Gedankenbilder wegzuhängen und neue Nägel einzuschlagen.
Als erleuchteter Denker gehe ich mal im Panorama der Gedankenbilder voran und nehme die schöne Schweiz ins Visier, denn vor mir ist jetzt so ein fanatischer Typ mit einer Armbrust aufgetaucht: Also denke ich, dass unser Wilhelm Tell wie Usama bin Laden ein Terrorist war. Wenn ich über die Berge hinaussehe, denke ich, dass Präsident Bush

und seine europäischen Freunde mit Dr. Milosevic geistig verwandt sind. Ich denke auch, wenn sich einer mit den Amerikanern solidarisiert, wäre er besser vor 200 Jahren auf die Welt gekommen in einem Indianerzelt irgendwo zwischen L.A. und N.Y., oder heute in Afghanistan.
Viel lieber denke ich andere Dinge: Wie fliege ich ins All? ... Sex im Cockpit ... und am Ende des Universums eine neue Sternstunde ...
Denk nicht nur, was du denkst, sei denkbar. Jeder Gedanke ist denkenswert. Wie könnte er sonst ausgedacht werden? Lass alle Gedanken aus dir rausspringen und fang sie alle wieder ein, und dein Geist erwacht.

Der Weg durch die Finsternis bekommt nun Stufen und führt dich eine Treppe hinunter. Du spazierst in den Bauch deines Egos. Ein Sammelbecken der Gefühle. Darf ich annehmen, dass du dich gerne auf deine Gefühle verlässt, insbesondere dann, wenn es darauf ankommt? Kommst du im Kopf nicht klar, handelst du aus dem Bauch, denn auf deine Gefühle ist Verlass – auf wen denn sonst? Und wenn du dich geirrt hast, bist du zwar enttäuscht, aber kein Ego hält dich davon ab bei nächster Gelegenheit wieder auf dein Gefühl zu hören. Ziehst du jetzt Bilanz, musst du dir wahrscheinlich eingestehen, dass du dich in deinen Gefühlen schon x-mal getäuscht hast. Kein Wunder, denn dein Ego sitzt auch im Bauch. Es ist also das Ego, das dir sagt, was für dich gut oder schlecht ist. Wenn du nun das Ego loslassen möchtest, kommt ihm noch dein Verstand zu Hilfe, und der sagt dir: Das kannst du nicht machen! Wenn du das Leben scheinbar im Griff haben möchtest, kannst du deine Handlungen schon vom Ego bestimmen lassen. Und wer lässt jetzt wen los?
Lass es doch einfach geschehen! Du nimmst deine Gefühle wahr, aber du handelst nicht danach. Jetzt bist du ein einfühlsamer Nicht-Handelnder. Du lässt es geschehen

und beobachtest, was du vom Leben bekommst, wenn du es nicht mehr über deine Ego-Handlungen zu beeinflussen versuchst.
Wo steht geschrieben, dass du weniger bekommst, wenn du das Ego ab und zu aussen vorlässt?

Auf deinem Spaziergang im Egoreich kommst du jetzt in die Gesellschaft, um die Etiketten des Anstands abzustreifen. Im Misthaufen werden nette Menschen gezüchtet und so faucht der Koloss im Mist höflich weiter. Immer wieder gerate ich ins Staunen, wenn ich seh, wie Männer sich um die Frauen bemühen. Als ich einmal im verschneiten Dorf von St. Moritz im Palace Hotel zu Gast war, sah ich, wie hunderte von Pinguinen ihrem Weiblein in den Mantel halfen, obschon diese befrackten Angeber kaum auf ihren eigenen Flossen stehen konnten. Schräge Vögel, die an Nettigkeit nicht zu überbieten sind, findet man in jedem Bezirk, auch auf der Gasse in Zürich, in Altona, in Kreuzberg ...
Diese Art von Herzensbildung ist typisch für das Patriarchat. Zuerst nehmen die schwächlichen Männer den starken Frauen alles weg und machen sie zu Sklavinnen. Als Gegenleistung verabreichen diese netten Typen ihren Wichsvorlagen großzügig ab und zu ein Zückerchen. Sie tragen ihre gezuckerten Vorlagen ins Bett, decken sie mit Schmuck ein, öffnen ihnen Türen und verabreichen ihnen weitere Schmeicheleinheiten. Solche Egoisten ergreifen gerne die Initiative, damit alles schön unter ihrer Kontrolle bleibt. Das starke Weib wird wie ein Küken umsorgt und das Mannsbild kann sich einbilden: Er sei stabil und sie labil.
Pfui!
Schäme dich Mann!
Und wo sind all die emanzipierten Frauen geblieben?
Starke Typen braucht das Land! Also spuck in deine Hän-

de, Mann, und zieh dem Anstand die Hosen runter, damit du bereit stehst, wenn sie dann kommen, die emanzipierten Frauen ...

Wer richtig Spaß haben möchte, besteigt noch den Berg des Wissens und er wirft sie alle weg, seine Weisheiten; und sein Ego wird sich im Tal der Tränen auflösen. Hältst du an Weisheiten fest, wird sich daran deine Dummheit erheitern. Lass dich nicht mehr länger hinters Licht führen, von all den Erleuchtungen und Weisheiten, die dir angepriesen und untergejubelt werden. Dennoch bist du überzeugt, dass Weisheiten, die seit Jahrtausenden existieren, ihre Gültigkeit ewig bewahren. Nur im Moment der Gegenwart spreche ich nicht davon, wie du dein Leben mit antiquierten Weisheiten dekorieren kannst.
Der Erleuchtung stellen wir uns!

Um dich vom Ego zu befreien, darfst du auch jeglichen Respekt verlieren. Sei respektlos! Oder glaubst du, die Erleuchtung beuge sich vor dem Respekt? Heucheleien gehören auf den Misthaufen der Gesellschaft. In ihren Gedärmen kannst du die großen Mistkäfer unserer Zeit bestaunen. Die feinen Damen und Herren aus der Politik, der Finanz, der Wirtschaft, den Wissenschaften ... halten dir unentwegt ihren Hintern entgegen.
Wer möchte da in die Knie gehen und noch die Zunge raushängen wie ein hechelnder Hund ?
Also sei respektlos! Jeden Menschen kannst du hochachten, verachten oder achten. Die Sonne der Erleuchtung bescheint die Ehr-furcht nicht. Sie ehrt keine Furcht.

Wenn du die Abgründe des Lebens durchleuchtest, zieht sich der Schatten zurück. Licht ist genügend vorhanden – es geht auch ohne Taschenlampe. Und wie ist Erleuch-

tung geduldig! Lange schon erwartet sie dich, seit dem Tag, als du sie einst verlassen hattest - erinnert sich ein Leser noch daran?
Also bejah dein Leben, ohne zu allem „Ja!“ und „Amen!“ zu sagen. Das hieße, deine momentane Unfähigkeit dem Leben gegenüber nicht eingestehen zu wollen. Du mußt auch „Nein!“ schreien, um dir dein Unvermögen und deine Schwächen eingestehen zu können. Tue dies absichtsvoll: Verwünsch das Leben und verneig dich vor der Gesellschaft. Verfluch das Licht und verlang nach der Finsternis. Tue dies bewußt, wenn du deinen Diamanten finden möchtest. Diamanten sind klar und hell wie die Erleuchtung selbst und sie sind nicht an der Oberfläche zu finden. Tief unten in der Erde liegen die glitzernden Steine - im Reich der Finsternis.

Wir kehren zurück von unserem Spaziergang, unter dem Schein deiner frisch gebackenen Erleuchtung möchte ich doch meinen.
Oder irre ich mich? War all die Mühe vergebens? Glaubst du jetzt erst recht, Erleuchtung sei für dich um etliche Watt zu hell? Oder magst du das Wort „Erleuchtung“ nicht mehr sehen und hören, weil sie dir schon zum Hals herausfunkt?
Gleichwohl kannst du im Schattenhaufen deines Egos rumbuddeln, um eines Morgens auf einen Lichtstrahl deines Diamanten zu stoßen ... ein bisschen Sonnenschein im Leben hat noch niemandem geschadet.
Ich schreibe dir kein klares Rezept, wie du zur Erleuchtung gelangst. Vielmehr wird ein Weg erhellt, dessen Leuchtspur jeder einmal erspähen wird, sobald er mit seinen zugekniffenen Augen zu blinzeln beginnt. Dies war mein Weg, ein Weg von unendlich vielen.
Alle Wegweiser, ob sie nun in die Finsternis oder ins Licht

zeigen, weisen einen richtigen Weg. Kein Weg ist falsch, solange ihn auch nur einer begeht. Selbst unser Misthaufen schwimmt noch in der Milchstraße herum.
Der Weg aber, der jetzt vor dir leuchtet: Geradewegs geh in deine Finsternis. Stürz dein Ego, das auf deinem Schattenreich thront. Versetz diesem Seelenverkäufer den Todesstoß, um deinen ersten wie letzten Feind loszuwerden. Spätestens im Sterben musst du sowieso alles abgeben, was dir einmal so richtig und wichtig erschien und es doch nie war. Stirb jetzt! Das einzige, was von dir sterben soll und muss: dein Ego. Lass es gehen, ohne zu fragen, was nachher kommt. Hältst du dich fest, kannst du nichts entgegennehmen.

Wer handelt
ohne nach Erleuchtung zu fragen
bekommt die hellsten Antworten

Versuch nicht, mit der Erleuchtung einen Tauschhandel einzugehen. Also sag nicht: Ich gehe in die Finsternis, überwinde meinen Schatten, und dafür werde ich mit Erleuchtung belohnt; sie ist kein Bankkonto mit Soll und Haben. Lass alles los! Wirf auch deine Erleuchtungen und letzten Fragen über deine Egomauern – und die Festung deines Egos wird versanden.
Im Sand spielen Kinder – staunst du?
Erfahrungsgemäß kennen kleine Kinder „nur" das Hier und Jetzt. Aber diese Schreihälse sind auch bekannt für ihren Egoismus.
Fängt nun wieder alles von vorne an, von wegen Ego loslassen, Erleuchtung und so?,
fragt jetzt so ein halb erleuchteter Leser.

Und HM hat schon die Badehose eingepackt, setzt noch seine Sonnenbrille auf, legt seine „Freitag-Tasche" über die

Schulter und verläßt sein Appartamento.
Im hellen Sonnenschein ... die steile Straße runter ... rechts am Supermercado und am Café der anderen Art vorbei ... hier die Cacatua-Bar ... dort das marrokanische Café ... diese Stufen runter ... eine blühende Aloe-vera-Pflanze ... der Straße entlang ... der Babybeach links ... danach el Hotel Valle Gran Rey rechterhand ... links der Steinstrand ... immer geradeaus am Bananenwald entlang zur Casa Maria ... und jetzt nach links zum Kodakladen ... und verfolgt von scharfen Blicken und mehr, geht HM seines Weges zum Playa Ingles von Gomera.
Er setzt sich in den Sand und lässt seinen Blick schweifen. Der Atlantik gibt sich seinem Spiel hin. Die Wellen bäumen sich hoch wie ein Raubtier und werden unter einer Löwenmähne aus Gischt vom Meer verschlungen. Sonnenstrahlen tanzen wie Erleuchtete auf dem Wasser, bringen glitzernde Diamanten hervor, und der graue Strand ist ausgeschmückt mit netten Fleischhügeln: Brüste, Bäuche, Pobacken und andere schöne Sachen, die hier die nackten Touristen der lieben Sonne entgegen strecken - wem denn sonst? Und HM lässt seine Badehose an.
Er hat hier ein Date, womöglich mit einem Biest, man weiß das bei ihm nie so genau. Schon liegt er im heißen Sand, ein bisschen Sonnenschein hat noch niemandem geschadet ...

Und du?
BSE?
Biste-Schon-Erleuchtet?
Wenn nicht, ist das auch egal, mach einfach diese Schublade zu. Oder noch besser: Du zündest sie an und gehst weiter im Schein des Feuers!

Sex

Vom Sex müssen wir uns jetzt verabschieden. Das machen wir nicht mit! So nicht! Wir werden uns dem Sex verweigern, zumindest was den Sex des 21. Jahrhunderts betrifft. Um im Nachhinein nichts bereuen zu müssen, wagen wir noch einen Ausflug in die Sphären des modernen Sex. Wir lassen uns seriös informieren, was heutzutage und in naher Zukunft die schönste Sache der Welt uns anzubieten hat. Wie wir sehen werden, haben meine Leute in Hamburg in dieser Sache gut recherchiert. An dieser Stelle: Ein Dankeschön an Rudolf Augstein!

SEX IM 21. JAHRHUNDERT steht auf dem Titelblatt vom Spiegel (Ausgabe 27.11.00) und darin ist wortwörtlich zu lesen:
... In Linz wurde mitten in der Stadt ein Container installiert: Eine Sammelstelle für Spermaproben. Der Spender konnte seine frischen Samenzellen unterm Mikroskop betrachten und sogar ein Foto seiner „nicht genutzten Chance“ mit nach Hause nehmen. Oder er nahm am Geschwindigkeitswettbewerb teil: Schließlich sei „die Beweglichkeit der begeißelten Boten immer wieder Grund für Diskussion und Sorge“...
... dank der medizinischen und biotechnischen Fortschritte nimmt der prothetische Sex zu, bei dem sich Erektionen und Orgasmen künstlich herstellen lassen. In den Labors werden anhand von Leichenteilen oder Tierkörpern

– oder, wie die Forscher sagen, von „Klitoris- und Vagina-Enten“ – die Mikroprozesse der sexuellen Erregung studiert ...
... heutzutage braucht auch die Phantasie eine Prothese. Inzwischen gibt es Studien, wonach Zufallstestpaare einander virtuell mehr schätzen denn in der Realität ...
... Wozu noch im Restaurant in Hummerschwänze und Ochsenlendchen investieren, wenn man die Maus zuhause hat. Wozu auf Stöckelschuhen den Männern hinterherrennen, wenn Nacht für Nacht einer ins Netz geht; und nie wieder muss man ihm ein weiches Ei zum Frühstück bereiten ...
... und der Cybersex-Avantgardist Stahl Stenslie: Der Mensch werde das Internet zur Zeugung seiner Abkömmlinge nutzen und mittels DNA-Synthese seinen Nachwuchs aus den einzelnen Komponenten einer Vielzahl von Menschen konstruieren – oder es vom DNA-Jockey samplen lassen ...

Prothesensex? Maschinensex? Internetsex? Cyberspacesex? Oder wie wäre es mit Designersex? Also wir verweigern uns dem Sex des 21. Jahrhunderts. In ihrer Sphäre kann Mann nur noch seinen Schwanz einpacken und Frau ihre Möse zuschnüren. Aus der virtuellen Pornographie klicken wir uns aus. Falls einige Leserinnen es doch nicht lassen können und sich wohlfühlen zwischen Prothesensex und Designersex, wünsche ich ihnen viel Vergnügen! Nur wir wollen auch unseren Spaß haben im Hier und Jetzt.
Wie wärs mit Telefonsex? Gummisex? Kuschelsex? Oder Romantiksex?
Zu altmodisch!, möchte ich doch meinen.
Unzählige Sexvarianten wurden dir angeboten, und keine macht dich an. Das Letzte, was noch übrigbleibt, ist der Hirnfick, aber auf den stehst du auch nicht, sonst würdest

du dich kaum diesem Buch hingeben. Nun könnte für dich die Sache gelaufen sein: kein Sex im Hier und Jetzt! Nur traue ich dir auch zu, dass du die Hoffnung auf die schönste Sache der Welt noch nicht ganz begraben hast. Immer noch fummelst du an dieser Schublade rum, im Glauben was Sexbares zu entdecken ...
Ich habe den Sex für dich. Der einzig wahre Sex und die ganze Welt wird dir zwischen den Schenkeln liegen. Dieser Sex kann nicht nur im Hier und Jetzt, sondern durch das ganze Dritte Jahrtausend hindurch praktiziert werden, auch wenn Maus und Webkamera dann schon längstens in Museen zu besichtigen sind. Der Sex, von dem ich hier erzähle, hat einen Namen bekommen. Ein neues Wort habe ich dafür gefunden. Buchstabe um Buchstabe habe ich mein Hirn abgesucht und bin fündig geworden:

Buchstabensex!

Lachst du?
Wenn du dir das antun willst, mich nicht ernst zu nehmen, lache ich gerne mit. Wie im Spiel der Liebe, wo ein Lachen zur richtigen Zeit den Sex auflockern und stimulieren kann. Und du lässt dich jetzt vom Buchstabensex antörnen:

Wie stehst du auf unsere Buchstabenhelden? Sind sie nicht sexy? Machen sie dich an, diese Buchstaben, wie sie sich berühren und paaren? Hast du ins O geguckt und das I gesehen? Staunst du über die halbrunden U's und das scharfe P?
Wie unsere Helden zeigen, können mit Buchstaben auch erotische Bilder dargestellt werden. Wenn im Normalfall beim Schreiben die Buchstaben in Gruppen zusammengefügt werden, entstehen Worte und Sätze. So gesehen, könntest du dich gelegentlich bei ihnen bedanken, nur dank den Buchstaben kannst du dieses Buch lesen. Sie sind die Hauptdarsteller der Sprache.
In der englischen Sprache steht für Brief und Buchstabe *dasselbe Wort:* one letter. Ein Brief, der unzählige Buchstaben und Worte beinhaltet, wird einem Buchstaben gleichgesetzt: one letter! Liebesbriefe sind davon nicht ausgenommen. Ein Brief, der alle deine Bekenntnisse über Begierde, Liebe, Angst und Schmerz offenbart, ist nicht mehr als ein Buchstabe: one letter! *Alles ist mit allem eins,* können sich da die Liebenden nur noch zuhauchen.
Worte kannst du denken, aussprechen, aufschreiben, lesen und in Redewendungen kommen sie dir näher: Dein Wort halten! Rede und Antwort stehen! Den Mund vollnehmen! Das Wort er-greifen. Das ist ein Wort! Ohne Worte! Leere Worte!
Auch Worte kannst du missbrauchen. Jeden Tag, wenn du dir einen absabberst: „Wie geht es Ihnen?“, „Danke! Mir geht es auch gut! Und ich wünsche Ihnen noch einen schönen Abend!“ Das sind leere Worte! Und ihre Buchstaben sind fremdgegangen. Du kannst dich auch beim Wort nehmen. Deine Worte mit Inhalten füllen und sie in Taten umsetzen. Du bist mehr als ein leeres Wort, wenn du deine Worte Buchstabe um Buchstabe ins Leben spazieren lässt und sie dir dann eine wahre Geschichte aus deinem Lebensbuch erzählen.

Mit Buchstaben kannst du jede beliebige Welt entwerfen, um deine Sehnsüchte, Gefühle, Gelüste ... und vieles mehr ... in Worte zu fassen. Was liegt jetzt näher, als deinen Sexkosmos aufzubauen? Also fass dich in Worte, schließ sie in Gruppen zusammen, um Satz um Satz dein sexuelles Verlangen auf den Punkt zu bringen. Und dein Sexkosmos wird zur Realität, zumindest in der Phantasie. Womöglich sind die Buchstaben von der Wirklichkeit schon eingeholt worden. Schau dir deine Buchstaben an! In wildfremden Gruppen hast du sie zusammengeführt, um Worte zu zeugen. Wer weiß, was die Buchstaben selbst miteinander alles so treiben? Denkbar wäre auch Gruppensex! Oder denkst du jetzt nur, dass bei HM die Phantasie durchgeht?

Wer eine klare Linie ziehen kann
zwischen Realität und Phantasie
sieht nicht über seine Nasenspitze hinaus

Die menschliche Wirklichkeit
ist im Alphabet des Kosmos
nicht mehr als ein i-Punkt

Aus Buchstaben hast du erotische Worte gezeugt, die alle für das eine stehen: Sie wollen dich verführen! Sie möchten mehr, als nur gedacht zu werden. Sie wollen in dein Leben treten und dir ihre Inhalte anbieten. Also laß die Worte aus deinem Mund spazieren und zu Taten werden. Im Bett. Und die Buchstaben schlagen einen Bogen, von deiner Zunge bis zu den Genietalien. So wird über deinem Sexkosmos eine Brücke gebaut, gehalten von deinen Worten. Jetzt stehst du dem Sex näher als ein virtuellistischer Internetonanist, der sich hinter dem Bildschirm versteckt. Du bist dich selbst: Ein sexueller Mensch, der nicht nur denkt und sagt, was er will, sondern auch zur Sache kommt. Keine leeren Worte mehr, die dein Leben nicht erfüllen. Immer wieder kannst du über deine Brücke gehen und dich buchstäblich fallen lassen in deinen Sexkosmos.

Das ist Buchstabensex!

Jetzt musst du nur noch den nächsten Buchstabenmenschen anlachen, zu zweit könnte es mehr Spaß machen.

Liebe

Diese Schublade bringt die Liebe mit. Sie hat auf dich gewartet. Sie hat ja auch ewig Zeit. Liebe ist jenseits von Raum und Zeit. Sie könnte immer auf dich warten. Und du selbst? Wartest du auch auf die Liebe? Oder zögerst du noch? Kannst du dir denn das antun, die Liebe auf morgen zu verschieben? Und wenn du morgen gar nicht mehr hier bist? Einfach weg vom Fenster, wie man so schön sagt. Kannst du noch eine Sekunde länger mit ansehen, wie du die Liebe im Regen stehen lässt? Möchtest du nicht eher einen Platz unter dem Sonnenschein der Liebe einnehmen? Wärst du diesmal auch ganz frei, dich in ihren heißen Schoss zu legen? Und würdest du deinem Sonnenschein ewig treu bleiben? Mit oder ohne Trauschein? Oder würdest du wieder fremdgehen? Wie schon öfters in deinem Leben? Erzähl mal, bist du nicht schon früher der Liebe begegnet und hast sie enttäuscht? Wir kommen dem Verdacht näher: Wie oft hast du die Liebe betrogen? Willst du mir jetzt erzählen, dass du dich an nichts erinnern kannst und auch keine Ahnung hast, wovon ich rede? Oder bist du nur ein wenig verwirrt? Hast du vielleicht einen kleinen Sprung in deiner Schüssel abbekommen von all deinen Seitensprüngen? Kannst du dich deshalb nicht mehr erinnern, dass du die Liebe immer wieder betrogen hast? Soll ich dir sagen, mit wem? Ich will dich nicht auf die Folter spannen, du hast dich selbst schon genug gequält: Mit deinen Moralvorstellungen und deinen verklemmten Verhaltensweisen hast du sie betrogen. Verführt von Moral und Verklemmtheit hast du dich der Liebe immer wieder entzogen, und deshalb ist sie dir so fremd geworden.

Dein Ich figuriert als einziges Hindernis, um lieben zu können. Unter der Herrschaft deines Ichs wurde ein persönlicher Stacheldrahtzaun um dich gelegt. In diesem Revier wird dein inneres Tier gefangen gehalten: Es ist dein Tiger! Und deine Verklemmtheit und deine Moral stehen unter dringendem Tatverdacht, diesen Stacheldrahtzaun errichtet zu haben.
Verhaftet sie alle!
Wie bitte?,
könnte einer von der Sittenpolizei fragen.
Verhaftet den auch!
Dein Ego und seine Mittäterinnen, Frau Klemmer und Herr Moral, werden nun abgeführt und der Liebesgöttin vorgeführt. Die Anklage: Missachtung der Sinnlichkeit.

Tag und Nacht kannst du als Freiwild herumspazieren und dich von deiner Lust überwältigen lassen, ohne Moral, oder der Frust wird dich mit Haut und Haar auffressen. Du hast nur diese zwei Varianten: Entweder gibst du dich der Liebe hin oder der Hass wird dich erwürgen. Entweder – oder! Dazwischen existiert nichts, mit einer Ausnahme: Der Erleuchtete strahlt in der Mitte, vereinigt hat er sich mit allen Gegensätzen. Lassen wir ihm seine Scheinwelt! Taumelst du auf der Seite der Lust, wird dich die Liebe beschützen. Stehst du auf der Seite des Frusts, wird dich der Hass vernichten. Tu mal was Gutes für dich: Lass dich von der Lebenslust anfeuern und deine Gefühlskälte taut auf. Lust und Liebe sind eins. Mittendrin im Sein verführen sie unsere Schöpfung zu neuen kosmischen Abenteuern. Jeder Augenblick ist ein Neuanfang dieser großen Party.

Strolchst du im Hier und Jetzt herum, so wirst du auch einer der geladenen Gäste sein. Vom Hörensagen kennen fast alle das Hier und Jetzt. Willst du mittendrin sein, musst du dein gezähmtes Ego draußen lassen, auch im Schlafzimmer. Lass dich fallen und nimm die Liebe und die Lust mit; die zwei gehen gerne ins Bett, wo du im Moment der Ekstase die Schöpfung berühren kannst. Gott liegt im Bett – aber nicht nur im Schlaf, sondern auch im Beischlaf, mit ihr (ihm?) feierst du in schöpferischer Intensität wie überall im Leben.
Doch spring nicht gleich aus dem Bett, um dem Abenteuer Erotik auszuweichen. In der Meinung, du könntest die Liebe ja auch an anderen Stätten kosten. Wer über Liebe nur nachdenkt und sie nur seelisch fühlt, ist ein Unhold. Ein Mensch aus Geist und Fleisch verschmilzt mit der Liebe an allen Orten – auch auf der körperlichen Ebene.

Wer nicht vögelt
missbraucht die Liebe

Was den sexuellen Missbrauch an Mensch und Tier anbelangt:
Frau, pack ihn aus, deinen inneren Mann: zeig jetzt deinen Schwanz!
Mann, lass dich rein zu deiner inneren Frau: öffne jetzt deine Möse!
Wenn das gut geht! Da kann ich nur noch „Viel Vergnügen!“ wünschen!

Sei scharf auf harte Schwänze, auf feuchte Mösen, auf schöne Beine, auf knackige Ärsche, auf feurige Lippen, auf frisch gefüllte Eier, auf schlaffe wie straffe Brüste und fick wie ein wildes Tier. Bums!

Törnen dich die Worte wie „Ärsche, Bumsen, Schwänze, Ficken, Titten“ an? Oder löscht es dir ab, wenn du vulgäre Ausdrücke hörst? Lösch sie doch diese Worte und ersetz sie durch neue, die dir mehr entsprechen. Meinetwegen kannst du meine Worte mit einer Korrekturflüssigkeit entfernen und deine reinschreiben. Wenn du dabei mein Buch ganz umschreibst, habe ich nichts dagegen. Du gibst es mir dann zum Lesen, womöglich gefällt es mir besser als mein Jetziges. Und das ist nur der Anfang vom Anfang: Ich könnte alle meine Leserinnen mit einbeziehen, indem ich den Inhalt dieses Buches ins Internet stellte. Die Leserinnen könnten sich reinklicken, um den Text umzuschreiben, am besten alle zur gleichen Zeit. Unser Buch! Wem dies nicht reicht, kann noch die gesamte Weltliteratur einfließen lassen, Buch um Buch. Und alle Leserinnen dieser Welt würden in diesem megagigantischen Universalbuch runter-rüber-rein-raus-rumschreiben, also mehr als eine Milliarde Menschen würden sich zur gleichen Zeit mit unendlich vielen Buchstaben bekriegen und Geschichte schreiben. Kein Buchstabensex mehr, schon eher der große Buchstabenkrieg ausgetragen in der virtuellen Welt. So gesehen könnte der Dritte Weltkrieg im Internet stattfinden und auf der Erde der ewige Friede einkehren. Bewirkt durch obszöne Worte wie Ficken! Also ficken wir weiter!

Weib und Mann entfesselt euch! Weib, benetz deine Lippen! Mann, füll deine Tüte. Bums! Oder auf schön esoterisch geflüstert: Schloss, ruf den Schlüssel! Schlüssel, öffne das Schloss – zum Nirwana. Weil das alles wie ein schönes Märchen klingt und wir nie aus dem Staunen herauskom-

men sollten, machen wir es gleich noch einmal: Lasst euch ran! Schleppt euch ab! Legt euch aufs Kreuz! Vernascht euch! Verschmaust euch! Gebt euch hin! Hört nicht auf zu bumsen, bis sich die Sterne vom Firmament lösen und sie auf die Erde fallen. Hopst in die Vergangenheit und hopst in die Zukunft. Vögelt euch zurück in die Steinzeit und vorwärts ins sexte Jahrtausend. Vereinigt Raum und Zeit. Stoßt euch ins Hier und Jetzt. Beschenkt euch! Orgelt und geigt hinein ins Paradies. Blast euch in die Ewigkeit. *Aufgepasst!* Der Orgasmus erwartet dich.
Kommst du jetzt oder kommst du nicht?
Mit Lust und Liebe kommst du immer!

Wer seinen Tiger nicht rauslässt
ist nicht nur ein feiges Schwein
sondern auch eine lahme Ente

Paar Dich mit allen Frauen, allen Männern, der Fliege an der Zimmerdecke, dem Krokus am Wegrand, der Schwalbe auf dem Dach, der Spinne unter dem Bett, den Erdbeeren im Garten, der Dogge im Park, dem Delphin im Wasser ... Paar dich mit allem und jedem, und du wirst ein neugeborener Mensch. Und die Gesellschaft ist um einen lieben Mistkäfer ärmer geworden.
Irgendwelche Probleme?
Läuft dein Ego und Co. immer noch frei herum!
Der Orgasmus, der dir das Ego entreißt, ist nicht nur auf Schwanz und Möse fixiert. So spring endlich aus dem Bett, verlass die Wohnung und bewohn die Liebe überall. Alles ist sexuell! Die Polarität ist die Antriebsfeder der Sexualität. Nicht nur Mann und Frau können sich vereinigen. Böse und gut, häßlich und schön, alt und jung, Haß und Liebe, Bürgertum und Anarchie, Realität und Phantasie, Völlerei und Hunger, Armut und Reichtum, Leben und Tod – einfach alles kannst du in die Mitte bringen, um neue

Höhepunkte im Leben zu setzen.
Dem Sex kannst du nicht aus dem Weg gehen: Begieß Pflanzen. Geh mit einem Hund spazieren – und gib acht auf seine Lust! Begrüß einen Spatz. Bereite dir einen Tee zu. Geh Muscheln sammeln. Schau aufs Meer hinaus. Amüsier dich in der Kneipe. Dreh einen Joint. Fahr Auto. Geh aufs Klo. Staune an der Bushaltestelle. Wasch deine Haare. Streichle einen fremden Menschen, der Körper selbst hat nichts dagegen. Steig in ein Boot. Lass dich von der Sonne küssen. Lach den Regen an. Finde die Insel des Glücks. Verführ deinen Partner. Alles ist sexuell! Überall und immerzu wirst du von der Schöpfung berührt.
Das ist Liebe!
Bums!
Ist die Liebe das Maß aller Dinge?
Ja!
Liebe ist die glücklichste Illusion in dieser traurigen Welt.
Bums!
War jetzt dieses Bums nicht des Guten zuviel?
Ja!
Also lassen wir das Bumsen verhallen, der Liebe bleiben wir ewig treu und paaren uns mit der nächsten Schublade.

Gute Gesundheit!

Als HM dieses Kapitel in Angriff nahm, hatte er Zahnschmerzen. Aber sein Milchzahn war in Ordnung!
Es ist eine schlechte Voraussetzung über „Gute Gesundheit!“ zu schreiben, wenn es einem selbst nicht gut geht!, sagt jetzt eine Leserin.
Und dies wird seiner Glaubwürdigkeit den Rest geben!, meint noch ein Leser.
Beide haben Recht, möchte ich doch meinen. Stell dir vor, du gehst zum Arzt und sagst ihm, dass du öfter an einer Migräne leidest. Wenn er dir darauf eingesteht, er habe gerade jetzt selbst wieder so einen Anfall mit Augenflimmern und Brechreiz, wirst du von ihm auch nicht sehr überzeugt sein und dir überlegen, einen anderen Arzt zu konsultieren. Er könnte seinen Migräneanfall verschweigen – ärztliche Schweigepflicht? – um seine Glaubwürdigkeit zu bewahren. Er hat dann nicht mal gelogen, aber dir vorgetäuscht, dass er deine Krankheit im Griff hat. Das gleiche gilt, wenn du beispielsweise zum Psychologen gehst und deine Minderwertigkeitsgefühle therapieren lässt. Er selbst würde dir nie sein fehlendes Selbstvertrauen in die eigene Person anvertrauen. Der Psychologe muss dich in der Überzeugung lassen, dass er über deinem Problem steht, sonst fällt seine Glaubwürdigkeit um.
Der Arzt und der Psychologe haben dich getäuscht. Der Vorhang steht offen: Das Weltentheater auf deiner Lebensbühne wäre seinen Eintritt nicht wert ohne die vielen Täu-

schungsmanöver. Der Chef, der Anlageberater, der Bauherr, der Versicherungsmensch, die Nachbarin, deine Partei, deine Freunde, ja auch du selbst, ihr alle spielt mit im Weltentheater der Täuschungsmanöver. Je besser einer spielt, desto mehr gewinnt er an Glaubwürdigkeit.
Nun steh ich vor deiner Lebensbühne und halte dir eine Schublade entgegen, die „Gute Gesundheit!" verspricht. Willst du dich auch von mir täuschen lassen? Erlaub dir zur Abwechslung eine Pause in deinem Theater! In dieser Schublade liegen keine Rezepte bereit, wie du dir eine „Gute Gesundheit!" erkaufen kannst; sie bringt Gedanken und Bilder um das Wissen vom Kranksein und Gesundsein.

Im Laufe der Zeit hast du schon im Überfluss erlebt, dass dieser Planet das Krankenhaus des Universums ist. Allseits und jederzeit wirst du von den krankmachenden Manifestationen der Gesellschaft bedroht. Diese Tatsache kannst du verdrängen oder gegen sie ankämpfen. Andererseits kannst du die manifestierten Krankheiten des gesellschaftlichen Wahnsinns annehmen und für deine Selbstverwirklichung nutzen, ohne gleich den großen Erleuchteten zu spielen. Die Frage ist nur, wenn du selbst erkrankst, ob du dein Kranksein ebenso annimmst. Die kranke Gesellschaft zu akzeptieren, aber sich gleichzeitig gegen seine verschnupfte Nase zu wehren – in diesem Lauf fließt der Fluss des Lebens nicht. Du hast nur einen Körper: deinen Leib mit der Umwelt.
Gleichwohl kannst du mit einer Krankheit nicht zurecht kommen und bist auf fremde Hilfe angewiesen. Auf den ersten Blick scheint es kein Problem zu sein, für jede Krankheit den richtigen Therapeuten zu finden. Ob Schulmediziner, Heilpraktiker, Homöopathen, Geistheiler, Deutungskünstler und Gesundheitspropheten, sie alle wollen dich therapieren oder beraten. Du musst nur noch die Ent-

scheidung treffen, wer von ihnen deiner Persönlichkeit am nächsten kommt, damit du ihm dein Vertrauen schenken kannst.

Um nicht die Übersicht zu verlieren, beginnen wir ganz von vorne und checken ab, wie sich der liebe Mistkäfer im Krankheitsfall verhält. Er kann seine Psyche, die auf den Körper einwirkt, nicht bewusst wahrnehmen. Krankheit ist für ihn ein zufallbedingtes Ereignis; sie stört, und dieses Übel möchte er so schnell wie möglich beseitigen. Fragst du ihn, wieso er krank sei, sagt er: Er habe was Verdorbenes gegessen oder es läge an seinen Genen oder ein Virus habe ihn angesteckt ... Es ist noch nicht fünfzig Jahre her, da legte er sich mit einer Grippe wenigstens eine Woche ins Bett und kurierte die Erkältung aus, um mit neugewonnener Lebenskraft wieder aufzustehen. In der schnelllebigen Zeit des Dritten Jahrtausends stehen andere Dinge an, als sich mit Fieber und Essigsocken ins Bett zu legen. In großer Effizienz geht der Mistkäfer gegen sein Kranksein vor. Er schluckt Pillen, die zwar die Symptome unterdrücken und ihm im Moment Erleichterung verschaffen, aber ihn chronisch krank machen. Kopflos lässt er sich schnell untersuchen, vorschnell operieren und verstümmeln, und wenn was schiefgeht, hat der Arzt gepfuscht. Ein verpfuschtes Leben!
Er flüchtet sich mit seinen Krankheiten zur Schulmedizin, obschon er ahnt, dass sie ihn nicht wirklich gesund macht. An wen sonst soll er sich wenden? Sein Leitbild ist die Verlogenheit der Gesellschaft. Die Lügen der Schulmedizin sind nicht verdrehter als seine kleinen Lügen, die er sich Tag und Nacht als Wahrheiten andreht. Das ist der liebe Mistkäfer, lassen wir ihn weiterkrabbeln ...
Falls du von der Schulmedizin noch nicht umgelegt wurdest, unternehmen wir einen kleinen Spaziergang in Gottes Natur, um ihre verborgenen Kräfte zu entdecken. Vor-

erst kannst du schnell einen Umweg in deine Buchhandlung machen, deren Angebot täglich um mindestens ein neues Buch über Natürliche Medizin und deren Anwendungen erweitert wird. Über jede Krankheit gibt es mehrere Bücher und wenn nicht, kannst du mit den Modearzneien wie Aloe Vera (auch gut gegen Zahnschmerzen!), Bachblüten, Bittersegen, Grapefruitkernextrakt, Naharishi Amrit Kalashi, Schwarzkümmelöl, Teebaumöl ... jeder Krankheit zu Leibe rücken. Wenn du dran glaubst, kannst du wohl jede einnehmen. Nur diese Arzneien musst du selbst bezahlen und sie haben ihren Preis. Wenn du zudem Bettwäsche, Kleider, Schuhe, Möbel, Pflegemittel ... aus der Bio-Produktion beziehst und deine Wohnung mit Bio-Farben streichen lässt und die Lebensmittel im Bio-Laden holst und dir einen Homöopathen, einen Heilpraktiker, einen Masseur und noch einen Bio-Zahnarzt leistest, der deine Zähne saniert, bist du schnell ruiniert, außer du schwimmst im Geld.
Und was kostet heutzutage nichts im Hier und Jetzt?
Ein kleiner Spaziergang in Gottes Natur! Du kannst dich an den Blumen und Schmetterlingen erfreuen, tief durchatmen, auf einen fremden Menschen zugehen oder einen Baum umarmen, und Gänseblümchen, Löwenzahn und Bärlauch pflücken. Zuhause steht dann ein Olivenöl aus der Toskana bereit, mit dem du ein feines Bärlauchpesto und deinen Salat zubereitest. Wenn du noch mehr tun möchtest für deine Gesundheit, kannst du jeden Morgen deine Zunge – auch sie ist ein Ausscheidungsorgan! – mit einem Teelöffel abschaben und zwei Liter Wasser abkochen, das du tagsüber schluckweise und warm trinkst. Ach ja, und vergiss nicht, deinen Morgenurin zu trinken – ein halbes Glas reicht! – das stärkt dein Immunsystem. Du bist nur einer unter vielen: Millionen von Indern nehmen täglich ihre Medizin ein. Wenn dir das zuwenig Spaß macht, kannst du dich neu verlieben, stärkt auch das Im-

munsystem. Möchtest du auf deinem Weg zur Gesundheit ein bisschen Geld auf die Seite legen, kannst du aufhören zu rauchen und anfangen zu fasten. Da der Tod im Darm sitzt, sind regelmäßige Reinigungen eine saubere Voraussetzung für ein gesundes Leben. Wenn wir schon beim Tod und Nicht-Essen sind: Todes-mittel wie weißer Zucker und H-Milchprodukte und hochgiftige Zusatzstoffe wie Fluor und Jod (z.B. im Kochsalz) gehören nicht in den Küchenschrank und sollen als Sondermüll entsorgt werden!
Ist das nicht eine starke Übertreibung?,
fragt sich jetzt ein junger Hausmann.
Ja!, aber nur im Bezug zur öffentlichen Meinung, die momentan vorherrscht. Das kollektive Bewußtsein hinkt der „Realität" immer hinterher, manchmal um Tausende von Jahren. Wenn einer vor dreißig oder fünfzig Jahren gesagt hätte, dass Amalganfüllungen in Zähnen oder Asbest in Häusern oder das Rauchen ein großes Gesundheitsrisiko seien, wäre er der Lüge oder einer Übertreibung bezichtigt worden. Und was das Rauchen betrifft, hätte ihm Philip Morris mit einer Schadenersatzklage in Millionenhöhe gedroht. Inzwischen liegt der Fall ganz anders. Nicht mehr die Tabakfirmen machen das große Geld, sondern die lungenkranken Raucher oder ihre Erben und vor allem die Anwälte.

Zum Anwalt der Gesundheit machen wir jetzt den Esoteriker. Wir vertrauen ihm, dass er um „Befreiung von Krankheit" Bescheid weiß. Er betrachtet die Krankheit als Sprache der Seele und als Weg ins Heil. Auf seiner ewigen Wanderung zur Vollkommenheit hat er viel Zeit, um sich Fragen zu stellen: Was will mir die Krankheit sagen? Welches Buch soll ich noch kaufen? Wie kann ich meine Krankheit deuten? Je nach Sichtweise sieht er die verschiedensten Bedeutungen. Wenn er in seinem Hier und Jetzt von Zahnschmerzen geplagt wird, könnte er deuten:

Kranke Zähne sind nicht ausgelebte Aggressionen ... er kaue an Problemen rum ... Er beiße sich nicht durchs Leben – danke für diese Deutungsversuche, der Autor! Im harmonischen Dreiecksverhältnis von Phantasie, Intuition und Logik findet der Esoteriker für jede Krankheit eine Be-deutung: Ein Migräneanfall ist ein Orgasmus im Kopf; wer die Säfte unten nicht fließen lässt, dem staut sich oben im Kopf etwas zusammen ... Durchfall bedeutet Angst (Schiß) ... Hautkrankheiten zeigen auf Probleme mit der Umwelt hin ... Wer nierenkrank ist, durchläuft eine Partnerschaftskrise ... Zahnfleischbluten zeugt von fehlendem Urvertrauen ... Das macht alles viel Sinn, und doch keinen im Unsinn der Deutungen. Einer muss nicht zwangsläufig an Migräne, Hautausschlag und Nierenschmerzen leiden, wenn er mit seiner Sexualität und Umwelt nicht zurecht kommt und noch Probleme mit seiner Ehefrau hat – womöglich hat er nur ein blaues Auge.
In der Deutung von Krankheiten läuft man immerzu Gefahr, falsche Rückschlüsse zu ziehen. Offensichtlich gibt es auch eindeutige Zusammenhänge zwischen Krankheit und Patient, um sie zu deuten, braucht man weder ein Medizinstudium noch einen gescheiten Onkel aus der Esoterik: Wenn ein Mensch aus seinem Berufsalltag gerissen und ins Bett geworfen wird, wäre das für ihn ein Zeichen, dass er sich übernommen hat und es so nicht mehr weitergehen kann. Zeit hat er jetzt genug, um sich zu besinnen. Das klingt überzeugend. Ob das die richtige Deutung ist, steht auf keinem Blatt Papier geschrieben. Womöglich wollte sein Schutzengel ihn nur davon abhalten ins Geschäft zu gehen, wo er einen schweren Unfall erlitten hätte. Wie gesagt, man läuft immerzu Gefahr, falsche Rückschlüsse zu ziehen. Was sonst noch kann man lernen vom Esoteriker?
Nachdem der erkrankte Schöngeist viel Bedeutsames in seiner Krankheit entdeckt und x-mal „Es geht mir immer

besser und besser!“ aufgesagt hat, sucht er einen Ausweg in der Natürlichen Medizin. Gibt ihm die Natur seine Gesundheit auch nicht zurück, geht er notgedrungen zur Schulmedizin. Obwohl er weiß, dass er jetzt erst recht eins aufs Karma bekommt. Das ist der in alle Bedeutungen eingeweihte Esoteriker. Bestenfalls sieht er „Krankheit als Weg“, den er umgehend verlassen möchte. Immerhin muss man ihm zugute halten, dass er einen direkten Bezug zwischen ihm und seiner Krankheit herstellt und sie nicht als „einen Fremdkörper“ betrachtet.

„Gute Gesundheit als Weg“ wird es wohl nicht geben. Gleichwohl kannst du mit offenen Augen durchs Leben gehen und deine eigene Medizin entdecken, die auch darin bestehen kann, alle Medikamente fortzuwerfen. Todkranke Patienten können dadurch gerettet werden, wenn man sie so schnell wie möglich von allen Medikamenten absetzt! Niemand weiß, wie vielen Menschen durch „Befreiung von Medizin“ geholfen werden kann. Allein in der Welt der chronischen Kopfschmerzmenschen sind es Millionen: Abgesehen von ihren Nebenwirkungen verursachen Kopfschmerztabletten bei regelmäßiger Einnahme den Kopfschmerz.
Im Labyrinth der Schulmedizin, der Natur und der Esoterik bist du umhergestreift, und der Erleuchtete erwartet dich.

Er kann auch krank sein und bemüht sich nicht, gesund zu werden. Was aber nicht heißt, dass er vor dem Leben resigniert hat. Er ist das Leben und spielt es voll durch, gewinnt im Gesundsein wie im Kranksein.
Von der Schulmedizin könnte er sich mit Giftpillen beschießen lassen und lächeln über seine eigenen Torheiten. Ohne Schiedsrichter spielt er mit seinen Rollen - Erleuchtung kennt keine Fouls. Er weiß, dass jede Sicht über die

Schulmedizin Wahrheit und Täuschung ist. Jeder soll doch seinen Illusionen nachrennen dürfen! Er würdigt die Schulmedizin. Der Erleuchtete sieht, wo so viel Finsternis herrscht, kann das Licht nicht mehr fern sein. Er erinnert sich, dass er vor seiner Ankunft der Erde das „Jawort!" gab und sein ganzes Leben wird er ihr treu bleiben. Er sieht sich als vollwertigen Partner auf dem Spielplatz der polaren Welt und spielt die Gegensätze durch, bringt Gute Gesundheiten und Böse Krankheiten auf einen Nenner. Er bleibt am Ball. Das Tor steht in der Mitte. Wie kann er daneben stehen und fragen: Wie befreie ich mich von Krankheit? Jeder Schuss, ob Krankheit oder Gesundheit, geht ins Tor. Er erlebt das Gesunde im Kranksein wie das Kranke im Gesundsein. Der Erleuchtete gewinnt in der Mitte des Lebens, wo pausenlos ein neues Spiel angepfiffen wird.

Schulmedizin, Natürliche Medizin und Heilversuche über Geist und Seele sind ihre Erfahrung wert, sonst wären sie nicht existent. Wenn du unter Krankheiten leidest, wird dir schmerzlich bewusst, wie hilf- und machtlos du in Wirklichkeit bist. Willst du dich mit aller Macht dagegen wehren? Versuch es! Such und kauf deine Genesung auf dem Gesundheitsmarkt Von Scheinerfolgen kannst du dich immerzu blenden lassen. Solange du in diesem Labyrinth umherirrst, werden dir Wahrheiten entgegenhinken, die dir vormachen, dich heilen zu können. Das Licht jeder Wahrheit wird einmal erlöschen und zum Vorschein kommt das Licht einer neuen Wahrheit. Rennst du der Gesundheit nach, wirst du bestenfalls einer Krankheit entkommen, aber nie „im Gesundsein" ankommen und lauwarm bleiben!
Eine andere Einstellung: Gib dem Leben dein Jawort!, ohne Wenn und Aber. Das Dasein ist nun einmal heiß und kalt – auch in der Mitte. Jedes irdische Wesen ist gesund wie krank. Willst du die Polarität bekämpfen? Leb sie bes-

ser aus! Nimmst du die Gegensätze und Widersprüchlichkeiten des Lebens in Empfang, kommst du dir nahe und die Insel des Glücks ist auch nicht mehr weit. Im Hier und Jetzt kannst du auch krank werden und dich besser fühlen als jeder lauwarme Kranke, der sich einbildet gesund zu sein.
Bist du enttäuscht?
Womöglich möchtest du nicht lauwarm dahintröpfeln, doch in der Brandung des Hier und Jetzt ertrinkst du fortwährend. Oder hegst du noch eine vage Hoffnung auf ein Leben ohne Schmerz und Krankheit? Keine Chance! Solange du mit den Füßen auf der Erde stehst, kannst du dem Kranksein und dem Tod nicht davonlaufen. Keiner wäre so naiv zu fragen: Wie befreie ich den Tag von der Nacht? Wäre die Nacht nicht dunkel, könntest du das Tageslicht nicht als hell erkennen. Unsere Welt ist polar. Wo würde der Rhythmus des Lebens schwingen, ohne links und rechts, ohne Mann und Frau, ohne Schmerz und Freude, ohne Tod und Geburt? So ist auch das Gesundsein vom Kranksein nicht zu trennen.

Ich biete dir keine neue Medizin an, um deine Hoffnungen zu medikamentieren, wie du gesund werden kannst. Bestenfalls hast du freie Wahl: Erleuchtung? ... Esoterik? ... Natürliche Medizin? ... Schulmedizin? ... Jede Illusion ist real, solange man glaubt, sie sei Wirklichkeit. Das Gemeinsame aller Behandlungsmethoden ist: Sie können dich derart täuschen, dass du glaubst, sie hätten dich geheilt. Eine reale Illusion! Bist du reif für eine vorübergehende „Gute Gesundheit!“, so „hilft“ jede Arznei. Der kranke Mensch meint, Krankheit wie auch Gesundheit können einfach aufgelesen werden. Der Sinn bestehe darin, das richtige Medikament oder den großen Spezialisten zu finden. Viele schulmedizinische Fachidioten, so viele ganzheitliche Ärzte und immer mehr esoterische Schöngeister bieten ihre

Dienste an und der Mensch bleibt krank.
Ich fühle mich ganz gesund!,
höre ich da einen glücklichen Menschen in die Welt hinausschreien.
Viele Menschen fühlen sich gesund, nur weil sie keine Beschwerden haben! Diese potentiellen Patienten sind in der glücklichen Lage, an ihren inneren Krankheiten nicht leiden zu müssen, da mögliche Krankheitssymptome von einer Medizin unterdrückt wurden oder der allgemeine Gesundheitszustand noch die Oberhand hat. Wer diese Wahrheit nicht erträgt, kann nur hoffen, dass sie für ihn zu einer Illusion wird.
Oftmals kostet es viel Zeit, bis man eine Wahrheit als Illusion entlarvt hat. Haben wir nicht eine Ausnahme gemacht? Die Schublade „Gute Gesundheit!" hat zwar eine Tatsache vorgetäuscht, doch im Handkehrum wurde sie zu einer Illusion. Du wurdest nur einen Augenblick getäuscht. Nun liegt es an dir, wie lange du dich noch von deinen anderen Wahrheiten wie Geld, Liebe, Ehe, Versicherung ... täuschen lässt.

Die Überschrift dieser Schublade versprach:
„Gute Gesundheit!"
Und was findest du darin?
Befreiung von Illusion!
Das ist eine ehrliche Lüge!
Möchtest du noch mehr davon?
So mach das Licht an in deinem Weltentheater! Durchschau all die Täuschungsmanöver, um dann der Ehrlichkeit den verdienten Applaus zu geben.

Internet

Der Autor surft nicht im Internet. Er besitzt weder PC noch Handy, und kein Fernseher im Wohnzimmer versperrt ihm die Sicht – immerhin hat er einen neuen Kühlschrank in der Küche stehen. Aus Überzeugung! Nicht weil er überzeugt ist, dass die Hightechgeräte des Informationszeitalters von Nachteil sind; er sieht keinen Vorteil. HM hat andere Prioritäten gesetzt. Seine Karriere als Software-Entwickler in der Rüstungsindustrie beendete er schon vor achtzehn Jahren. Wäre er im Geschäft geblieben, hätte er es bis zum meistgesuchten Hacker gebracht oder in die Chefetage von Microsoft.
In der Zwischenzeit hat er bemerkt, dass man mit Internet, PC, Handy und bald auch noch mit einem interaktiven Fernseher das Privatleben neu gestalten kann. Das lässt ihn kalt, auch wenn Hightech-Geräte die Raumtemperatur erhöhen. Viel Elektrosmog, aber keine Hochspannung. Die digitale Welt auf der Erde ist erst eingeschaltet worden. Hirnrissiger als man denken darf: Kein Gerät passt zum anderen, die Stecker sind zu dick und die Buchsen zu eng ... Wenn dann die Installation endlich steht und das Programm nicht abstürzt, wird der User von überflüssigen Informationen überflutet und er nennt das „Surfen".
Wenn HM bedenkt, was in anderen Galaxien hightechmäßig abgeht, kann er nur sagen: Der Mensch hat zu wenige Lichtjahre vor sich, bevor er in die virtuelle Welt real einsteigen kann, wird auf seinem Planeten der Strom ausgehen.

Die Virtualität ist ein künstlicher Ausschnitt der geistigen Welt und ihr Gegenpol bezieht sich auf die körperliche Wirklichkeit. Geist und Körper. So bietet das Internet einen anderen Einstieg in die Spiritualität, ein Portal tut sich auf und lädt ein zur Vereinigung von Geist und Körper. Eins sein! Mit der Maus in die Erleuchtung! Du plätscherst nicht mehr dahin im sanften Wellenklang der Meditation – im Mondschein deiner Träume. Im Cyberspace tauchst du im Hier und Jetzt auf, gehst surfen im geistigen Weltenmeer des Internet.
Der Mensch steht am Anfang des Hightech-Zeitalters. Zurzeit ist er nicht klüger als ein Baby, das in ein großes Buch schaut und „Mama!“ schreit. So ist dies nicht der letzte Schrei, wenn er noch nicht auf die Idee gekommen ist, seinen Körper auf eine digitale Formel zu bringen, um sich selbst ins Internet runterzuladen. Bytes by Bytes.
Das Wissen um diese einfachen Dinge existiert länger, als der Mensch denken kann. Seit jeher liegt das Wissen bereit, seit dem Urknall. Der Mensch mit seinen Wissenschaften findet keinen direkten Zugang, da er glaubt, Wissen erschaffen zu können. Ebenso wenig kann er etwas erfinden, es gibt keine Erfindungen. Das Wissen kann nur gefunden werden. So hat der Mensch weder Rad noch Internet erfunden. In einer Zeit vor dem Hier und Jetzt hatten die Chinesen einfach das Wissen entdeckt, dass das Rad eine runde Sache ist, und so haben sie das Ganze ins Rollen gebracht.
Der Mensch sieht nicht über das Rad seines Lebens hinaus und eines Tages überfährt er sich noch selbst, dass er sich dennoch an die globale Vernetzung der Datenbahnen heranwagt, spricht für seinen Mut.
Oder für seine Dummheit!,
ergänzt jetzt eine junge Schimpansenfrau.
Das eigene Netz fehlt ihm und wenn er eins hat, fällt er hindurch. In einer anderen Welt wäre der Mensch ein Sys-

temfehler, den man beheben müsste. Er sagt Dinge, die er nicht meint und wenn er nichts sagt, meint er sie. Der Liebe geht er fremd und von der Natur ist er schon geschieden. Er ist mit sich selbst nicht kompatibel: Seine drei engsten Verwandten, Geist, Seele und Körper, gehen ihren eigenen Weg. Neben seinem Lebenslauf läuft der Mensch, schießt übers Tor hinweg: kein Netz. Er ist sich fremd geworden, mit sich selbst hat er sich nicht vernetzt. Das Haus seines Selbst hat er verlassen und ist in der Fremde gestrandet. Um seine eigene Ausgrenzung zu verwischen, gibt er sich unheimlich tolerant: Europa muß wachsen! Ausländer rein! Öffnet die Grenzen für die Asylanten! Der Mensch im eigenen Land ist der wahre Asylant; er weiß nicht, wo *sein Platz* im Leben ist.
Da kann er sich lange hinter dem Bildschirm verstecken, in die Virtualität abtauchen, um im Netz global zu surfen – mit der Insel des Glücks wird er sich nicht vernetzen. Als erstes muss er seine Vernetzung im realen Leben aufgebaut haben: Geist, Seele und Körper sind drei verwandte Netze, die ihn zur Vernetzung einladen. Ein Netz! Erst dann wird er den großen Fisch an Land ziehen und durch seinen geöffneten Mund ins Reich der Virtualität eintreten können: Das Land der unbegrenzten Vernetzungen. Wäre der Mensch fähig, sich mit Geist und Materie zu vereinigen, könnte er ohne Interface (Schnittstelle) zwischen Realität und Virtualität hin und her zappen. Ebenso könnte er durch Wände gehen. Keine besondere Sache, wenn man bedenkt: Materie ist Illusion. Da der Mensch den Schleier nicht lüften kann, fehlt ihm der Durchblick; mit dem Kopf durch die Wand zu gehen, hilft ihm in diesem Fall nicht weiter. Somit entgehen ihm auch die Sensationen, welche Hightech-Unfälle der besonderen Art zu bieten haben.
In einer nahen Galaxie haben die Stromindianer ihr Netzwerk der besonderen Art aufgebaut – keine Millionen

Lichtjahre von der Erde entfernt. Sie leben unter uns. Da sie sozusagen mit uns Menschen zusammen wohnen, mussten sie keine neue Sprache „erfinden". Und als die Stromindianer das erste Mal unsere Musik hörten, war dies für sie die schönste Entdeckung. Ansonsten finden sie ihren eigenen Weg. Was aber ihre Energieversorgung betrifft, sind sie abhängig von unserer atmosphärischen Umweltverschmutzung, da sie nur im Elektrosmog gedeihen können. Milliarden von Netzwerken haben sie aufgebaut und auch dir ihren Stempel aufgedrückt. Überall sind ihre Netze allgegenwärtig und so nah, dass sie in keinem Teleskop erscheinen; das bloße Auge bringt mehr: Wenn du ihr Netzwerk sehen möchtest, so schau mal auf deine Fingerkuppen! ... Hast du das Netzwerk der Stromindianer angeschaut? ... Wenn nicht, darf ich wohl annehmen, dass meine unwissenschaftlichen Ausführungen dir Beweis genug sind. Also bist du der lebende Beweis dafür, dass eine fremde Macht aus einer anderen Galaxie unsere Welt besetzt hält, indem sie sich an den Fingerkuppen der Menschheit vernetzt hat. Die Stromindianer leben zwar in einer künstlichen Dimension, aber ohne Geist und Materie kommen auch sie nicht aus, nur im Gegensatz zum Menschen haben sie das Gesetz der Polarität fast überwunden. Fast. Und Hightech-Unfälle der besonderen Art ist jetzt das Thema: Ein ganz besonderer Unfall hat sich nämlich in der Galaxie „Der Vernetzten Finger" ereignet.
Kürzlich besuchten drei Mitglieder der Erleuchteten Sechserbande ein Netzwerk der Stromindianer – auf deiner Daumenkuppe? Aus dem Nirwana schwebten Gott und Buddha heran und HM reiste aus der Schweiz an, wobei er sein menschliches Kleid in Winterthur zurückließ. Wir drei waren der Einladung vom Hightech-Guru der Stromindianer gefolgt. Der Letzte Smogianer, so ist sein Name, wollte in unserer erleuchteten Atmosphäre seine neue Erfindung einweihen. Er ist bekannt für seine Genia-

lität. In einer letzten Einweihung erbrachte er den Beweis, dass Materie Illusion ist, und kürzlich hat er das Wissen entdeckt, wie das Beamen technisch umzusetzen sei. Dazu war er musikalisch ziemlich begabt, konnte er doch jedes musikalische Werk der Menschheit aus seinem Hirn abspielen. Also lag es in der Musik, das Beamen auch noch zu vertonen: Aus seinem virtuellen Ohr ragte ein C-Dur-großes Gerät, das ihm ermöglichte, jedermann zu entmaterialisieren, bevor dann der Gebeamte in den Tönen seiner Lieblingsmusik verschwinden konnte. Dazu hat der Letzte Smogianer ein Zweitgerät in seinem Hirn gezüchtet, um das gebeamte Musikwesen wieder zu materialisieren.

Was für ein wundersames Leben, wenn der Mensch eines Tages sich in seiner Lieblingsmusik ins Paradies beamen kann!,

hörte ich da plötzlich das Glück aus weiter Ferne singen. Die Jüngerschar des besagten Hightech-Guru zog eine Wand aus intergalaktischem Metall hoch, alsbald wurde ein Jünger auserkoren, um ihn per Melodie durch die Wand reisen zu lassen. Der Letzte Smogianer nahm einen tiefen Zug Elektrosmog und klickte sein Gerät ein. Der erste Ton der Musik erklang, der auserkorene Jünger kam bei der Tonleiter seiner Lieblingsmelodie an, verschwand von der Bildfläche. Und die Erleuchtete Sechserbande schaltete ein neues Licht ein: Gott verwandelte sich in ein unsichtbares Wesen, Buddha wölbte seinen Bauch ins Unermeßliche und HM wurde von seinen irdischen Zahnschmerzen befreit. Und die nächste Sensation geschah: Eine abgelaufene Ewigkeit zu früh bediente der Letzte Smogianer das Zweitgerät und sein Jünger blieb im Moment der Gegenwart stecken, was im Hier und Jetzt die Wand war. Zwar hing sein künstlicher Oberkörper schon auf der einen Seite raus, aber die andere Hälfte hatte sich mit dem intergalaktischen Metall vereinigt. Das Erstaunen der Stromindianer war global, der Letzte Smogianer ver-

schluckte sich an einem Elektrobärchen und das Hightech-Opfer stöhnte: „... Rosen aus Athen ...“ Aber HM erinnerte sich an seinen Metallgurt, den er in Winterthur zurücklassen musste und er schlug vor: Einen Heavymetal-Song von den Gun's and Roses hinterherzuschießen, um die intergalaktischen Atome zu bewegen, sich mit den Heavymetal-Klängen zu vereinigen, damit das Opfer aus der Wand freikäme. Es hat funktioniert.
Falls ein Leser kürzlich seinen Daumen eingeklemmt hat, könnte er für diesen Unfall mitverantwortlich sein, da die Chaostheorie in der Praxis aller Galaxien wirkt.

Von Hightech-Unfällen der besonderen Art wird der informierte Mensch verschont bleiben, soweit seine Zukunft reicht, im Moment der Gegenwart sucht er sich noch im Netz. Wie jede Medaille hat auch das Interface zwei Seiten. Auf die Vorteile des Informationszeitalters möchte ich nicht näher eintreten, sie sind längst bekannt, und ich habe nichts Neues anzubieten - Bill Gates und seine Leute sind darüber besser informiert: www.microsoft.com

Im Dort und Gestern schaute der Mensch aufs reale Leben, um Informationen zu sammeln. Er lebte in einer Sippe und der ganze Haufen wurde durch eine zwischenmenschliche Vernetzung zusammengehalten. Auch die Vernetzung ist keine Erfindung des informierten Menschen, er hat sie einfach in der virtuellen Welt neu entdeckt. Alles ist mit allem zu Einem vernetzt. Der Mensch von gestern bezog sich darauf und war mit sich selbst und auch mit der Natur vernetzt. Er war im Bild. Ohne Fernbedienung ging er durchs Leben und informierte sich aus erster Hand. Nicht immer konnte er jede Information begreifen, doch vielmals hatte sie Hand und Fuß. Wenn ihm seine Höhlenfrau zurief: „Da kommt ein Bär!“, war das eine reale Information zum Greifen nah. Nun konnte er den Kopf verlieren oder die leibhaftige Information am Schopf packen. Wenn in der Höhle das Feuer ausging, war die Information: Es wird kalt und dunkel. Der Mensch im Dort und Gestern lebte im direkten Bezug zur Welt. Je nach Distanz konnte er die Information mit eigenen Augen und Ohren wahrnehmen, mit der Nase riechen, und vielmals war sie zum Anfassen nah: Eine glaubwürdige Sache.

Der überinformierte Mensch von heute bezieht einen Bruchteil aller Informationen aus seiner nahen Umgebung, der schöne Rest bedient ihn aus weiter Ferne. Er lebt in permanenter Überversorgung durch Radio- und Fernsehsendungen, durch Zeitungen und Zeitschriften, Plakatwände und durch sein Handy.

Der Mensch als Informationsopfer
wurde über seinen Unfall
noch nicht informiert

Von Tag zu Tag steigt die Flut der Informationen, so dass vor lauter fremder greller Bilder sein eigener Film täglich neu belichtet wird. Hauptsache, er ist im Bild, auch wenn sich sein Leben immer schneller zu einem lebenslänglichen Werbespot entwickelt.

Am 23. Mai 2001 waren in einer Zürcher Tageszeitung auf Seite 5 und 6 u.a. folgende Schlagzeilen vermeldet: ... Kohl beharrt auf seiner Unschuld ... Schröder Berater muß absagen ... Monica Lewinski will ihr blaues Kleid zurück ... Präsident Bush trifft Dalai Lama – ist dies das reale Leben? Wer neu informiert werden möchte, kann die Zeitung von heute lesen. Wer dann immer noch zu wenig informiert ist, kann die Tagesschau einschalten: ... Schröder beharrt auf seiner Unschuld ... Monica Lewinski tritt neue Stelle im Weißen Haus an ... Dalai Lama trägt ein blaues Kleid – ist dies das reale Leben?

Wer immer noch glaubt, er sei chronisch unterinformiert oder wer in der Realität eine Wirklichkeitsallergie eingefangen hat, kann der Zukunft getrost entgegensehen: Internet.

Hier und Jetzt

Immer mehr Menschen surfen auf den Wellen des Wassermannzeitalters, um ins Hier und Jetzt zu gelangen. Wenn die esoterischen Surfer angehalten und gefragt werden, was denn das heißt, im Hier und Jetzt zu sein, ertrinken sie in einem Ozean von Antworten.
Wir ufern nicht aus, sondern gehen der Sache auf den Grund. Der Moment der Gegenwart zeigt dir an, wo du im Leben stehst. Er ist das Ziel, von einem Moment zum nächsten ... immerzu kommst du neu an. In jedem auch in diesem Moment, siehst du, ob deine Wünsche und Erwartungen ans Leben erfüllt sind. Jeder Augenblick ist dein persönlicher Guru, der dir in kosmischer Genauigkeit erzählt, wie weit du es gebracht hast in deinem Leben bis zum jetzigen Augenblick. Wenn du dein Denken, dein Wollen, dein Fühlen, deine Erwartungen, deine Sprache, deine Sinne, deinen Körper, also dein gesamtes Ich, mit der Umwelt zu einem Ganzen verwebst, ziehen alle am gleichen Strick, und du kommst im Moment der Gegenwart an. Im Hier und Jetzt, wo du als ganzer Mensch das Leben berührst, dem Augenblick in die Augen blickst, nicht um das Licht der Erleuchtung zu sehen, sondern um in dir selbst anzukommen.

Beispiele aus dem Hier und Jetzt:
Wenn du zu Tisch sitzt, kannst du das Essen wie einen Geliebten begehren und noch einen Schritt weitergehen.

Das Essen kannst du nicht nur riechen, betrachten, berühren und schmecken, sondern es auch ganz verschlingen und vor Genuss die Zeit vergessen. Wer nicht im Hier und Jetzt sein will, kann ab und zu auf die Uhr schauen, Anrufe erwarten, Einkäufe planen, sich mit seinem Gegenüber über Börsenkurse unterhalten und zu guter Letzt das Essen loben. Und er weiß nicht, was er in Wirklichkeit gegessen hat.
Du kannst auch einen Spaziergang machen und beim Verlassen der Wohnung deine Sorgen und Gedanken einschließen. Du spazierst dahin und spürst die Füße, deinen Rhythmus, die Luft in und an deinem Körper. Die Augen sehen und die Ohren stehen auf Empfang. Dein Kopf ist leer und dein Herz offen und die Bilder der Natur treten ein. Die Ruhe in dir dehnt sich aus und zerplatzt ... ein Ball fällt auf dich zu; ein lachendes Kind steht auf der Wiese. Du wirst aufgefüllt mit Leben; erlebst die alltäglichen kleinen Dinge als wärst du selbst ein großes Kind. Im Hier und Jetzt.
Wenn zwischen deinen Schenkeln der Tag erwacht, kannst du mit Buchstabensex ins Hier und Jetzt rutschen. Erinnerst du dich? Wie du über eine Brücke gehen kannst, getragen von deinen Worten, um deiner Tigerin auf die Sprünge zu helfen? Alles klar? Oder siehst du die Beute nicht? Also kein frisches Blut in Sicht? Auf einen möglichen Liebespartner zuzugehen, das verlangt einiges von dir ab. Mut und Vertrauen in dich selbst! Die Welt ist voll von Selbstvergewaltigerinnen, Fassadenbauerinnen, Drückebergerinnen und Falschspielerinnen. Ihre Täuschungsmanöver sind es nicht wert, gelebt zu werden. Ein billiges Theater jenseits vom Hier und Jetzt. Ob auf dem Bahnsteig in Winterthur, im Zug nach Hamburg, in einer Kneipe in Berlin, am Playa Ingles von Gomera; überall hintergehen sie sich selbst. In aller Öffentlichkeit verstecken sich die Angsthasen gerne hinter einem Buch und spitzen die Oh-

ren. Wenn du sie erstaunt und neu-gierig anschaust, tun sie so, als wären sie gar nicht anwesend. Alles Fassade, und kein „Marmor, Stein und Eisen bricht!"
Freier Eintritt ins Hier und Jetzt: Wer die Wahl zwischen Angsthase und Tigerin hat, möge sie jetzt treffen ... Du bist dich selbst, authentisch! Gepackt von deiner inneren Tigerin, springst du über die Angsthasen hinweg, rein in die Wildnis des Sex ... und der einsame Wolf wedelt mit dem Schwanz.

Das Hier und Jetzt erwartet dich überall: Beim Essen, auf einem Spaziergang oder sonstwo auf deinem Lebensweg und im Ausleben der Lust kannst du es noch umarmen. Ebenso gut kannst du die Arme lockern und weit ausdehnen. Der Horizont ist verschiebbar; die Erlebniswelt im Moment der Gegenwart ist grenzenlos, so universell wie das Leben selbst: Im Niemandsland zwischen Schlaf- und Wachsein, im Rausch der Verliebtheit, beim ersten Mal oder das erste Mal im Flugzeug sitzen oder ein Drei-Sterne-Restaurant besuchen oder das Meer sehen - berauscht von tiefen Eindrücken, fällt es dir leicht, ins Hier und Jetzt einzutauchen. Du kannst dich auch in ein Buch vertiefen - um dich in einem fremden Hier und Jetzt zu spiegeln? Ebenso gut kannst du nichts denken, deinen Kopf leer machen, und du wirst vom Moment der Gegenwart aufgefüllt oder du triffst ihn, wenn du dich auf ihn konzentrierst.
Willst du es wirklich wissen, musst du das Mittelmaß verlassen. In Extremsituationen, wo Gefahr, real oder nicht, und/oder höchste Konzentration ins Spiel kommt, wirst du der Oberfläche des gewohnten Alltags entrissen und vom Hier und Jetzt gefesselt. Sei das nun mit 210 auf der Autobahn, auf der Achterbahn, in einem hochexplosiven Thriller, beim Elfmeterschießen oder im Extremsport wie Kung Fu, Snowboarding, Paragliding, Rennsport oder auf einer Abenteuerrreise zum Kilimandscharo ... Das sind die

Höhepunkte der Gegenwart: Sich in Abenteuer zu begeben, Grenzen zu überschreiten, dem Tod ins Auge zu schauen, um sich selbst nahe zu kommen. Ganz nah ... so nah, dass du den Puls des Lebens berührst. Im Hier und Jetzt.

Jeder Moment im Leben ist unberechenbar und in gewissen Situationen möchtest du auf seine Gegenwart verzichten. Wenn du vom Verlust eines Angehörigen in tiefe Trauer versetzt wirst oder du Angst hast, den Verstand zu verlieren oder wenn du von Zahnschmerzen gepeinigt wirst ... hält dich das Hier und Jetzt fest im Griff. Gefangen im Kreis der Gegenwart für alle Ewigkeit, so wenigstens kann es dir vorkommen.

Vom Hier und Jetzt ewig eingekreist zu sein, scheint nicht das Maß aller Dinge zu sein. Dennoch haben immer mehr Menschen den Wunsch, ununterbrochen im Hier und Jetzt zu leben, ohne Vergangenheit und Zukunft. Ist das lebbar? Der Moment der Gegenwart ist begrenzt und unbegrenzt zugleich: Die Zeit steht still, aber die Uhr tickt und läuft. Wenn du in der Schaukel der Zeitlosigkeit ruhst und dir Gedanken machst über die anstehenden Dinge des Lebens wie ... was muss ich heute einkaufen? ... mit wem verabrede ich mich am Samstagnachmittag? ... wo verbringe ich meinen nächsten Urlaub? ... dann musst du über den jetzigen Moment hinausdenken. Du kannst nur Pläne schmieden, wenn du die Zukunft miteinbeziehst und dann hast du den Moment der Gegenwart verlassen. Fortwährend wirst du vom Leben herausgefordert, kleine und große Entscheidungen zu treffen, neue Pläne zu entwerfen, um deinen Weg in die Zukunft zu skizzieren. Um keine Fehler zu begehen, schaust du nicht selten in die Vergangenheit, wo dein alter Erfahrungsschatz liegt. In Effizienz pendelst du nun zwischen Vergangenheit und Zukunft, um das Leben zu planen.

Wo ist das Hier und Jetzt geblieben? Zu einer Insel gewor-

den? Eine kleine heile Welt, um den Alltag zu vergessen? Jeden Montagabend, wenn du deinen Meditationskurs in der Migros-Clubschule besuchst? Am Sonntagvormittag, wenn du dir jeweils vornimmst, eine Stunde nur für dich da zu sein? Oder einmal im Jahr, wenn du auf Gomera den Urlaub verbringst?
Willst du die Insel des Glücks nicht aus den Augen verlieren, musst du den zeitlichen Horizont von deinem Hier und Jetzt ausdehnen, um Vergangenheit und Zukunft einfließen zu lassen. So schwimmst du im Fluß des Lebens in einem großen Ozean, wo jeder Wassertropfen den Moment aller Gezeiten spiegelt in der unendlichen Weite und Tiefe des Hier und Jetzt.

Buddha, auch bekannt als ein Mitglied der Erleuchteten Sechserbande, hat das Hier und Jetzt als Weg aufgezeigt, der ins Nirwana führt. Erlösung vom Karma! Vollkommenheit! Erleuchtung! Das sind starke Worte! Mein Freund konnte gut reden, der war nämlich schon erleuchtet, bevor er auf die Erde kam. Auch wenn in buddhistischen Kreisen immer noch erzählt wird, dass er erst mit 35 Jahren das Licht der Erleuchtung erblickt habe. Und kein schlechtes Wort über ihn. Er hatte getan, was er konnte!

Im Augenblick sieht man Buddha unter einem imaginären Apfelbaum. In der Stille des Nirwana sitzt er im Kreis von Gott, Aphrodite und Sokrates. Die Stille zerbricht. Die Sitzung geht in die nächste Runde, demnächst werden die nirwanischen Vier abstimmen, ob HM von der Erleuchteten Sechserbande auszuschließen sei!
Wieso denn das?,
ruft jetzt die halbe Welt.
HM steht in Verdacht, der Weisheit nicht gedient und die Erleuchtung der Lächerlichkeit preisgegeben zu haben.

Sobald das Abstimmungsergebnis fest steht, wird der Autor seine Leser in Kenntnis setzen.

HM ist im Hier und Jetzt, im sogenannten Diesseits sitzt er auf einem Holzstuhl mit rotem Leder überzogen. Auf dem Parkettboden streckt sich ein Teppich von Konstantinopel aus, in scheuer Berührung mit der Neuen Zürcher Zeitung, die neben ihm liegt. Samstag/Sonntag 21./22. April 2001 steht am Rand. HM schaut hoch, sein Blick fällt aus dem Zimmer. Das rostige Balkongeländer wird veredelt, Schneekristalle fallen und ziehen einen weißen Vorhang zwischen Himmel und Erde. Es schneit schon seit Tagen. Ein gefrorener Teppich, zerlegt in tausend Einzelstücke, bedeckt Äste von Bäumen und Dächer von Häusern. Hinter dem weißflockigen Vorhang liegt die Straße. Der Teppich bewegt sich: Autos mit schneebedeckten Dächern fahren vorbei. Es schneit bis in alle Ewigkeit. Dieses Weiß kann noch zur Modefarbe des nahenden Sommers werden. Ein Frühlingstag in Winterthur, diese Stadt könnte irgendwo zwischen Barcelona und Petersburg liegen, womöglich genau in der Mitte oder an der Grenze zu Sibirien oder vielleicht im Nirgendwo, aber sicher auch in der schönen Schweiz.
HM sitzt an einem alten Holztisch, zerkratzt und eingekerbt, sieht aus wie das Outback von Australien, wenn man im Flugzeug sitzt. Darüber steht eine künstliche Sonne, das helle Licht der Tischlampe weckt in ihm Erinnerungen ... Licht, Wüste, Erleuchtung, Himalaya ... eine Lawine von erlebten Geschichten bricht ins Hier und Jetzt von HM ein. Jede Geschichte kommt aus einer anderen Schleife und im Kreis der Zeit dreht sich die ewige Frage: Was ist der Sinn des Lebens?
Die Menschen hören nie auf, an Erleuchtung zu glauben. Als wäre eine Schneeflocke ein ewig leuchtender Stern am Nachthimmel! ... Kein neuer Stern in Sicht. All diese

Menschen betäubt vom Gift der Normalität, berauscht von der Quelle des Lebens, gefesselt am Lügenstrick der Wahrheiten hat HM gesehen und jeden erkannt: *Keiner ist erleuchtet!*
Die Vergangenheit erzählt, das Hier und Jetzt hört zu und die Zukunft steht in keinem Buch: Die Yogis von Benares, die heiligen Kühe von New Delhi, die mit Feuerholz beladenen Frauen von Nepal, die Sterbenden auf den Straßen in Dacca, die chinesischen Taxifahrer von Jinghong, die Zenmeister in den japanischen Klöstern, die lächelnden Steinzeitmenschen von Papua-Neuguinea, die verlorenen Aborigines vom Outback, die sonnenbebrillten Stars von Beverly Hills, die Touristen auf dem Sunset Strip, die Spieler von Las Vegas, die Yuppies an der Wallstreet, die Wilden im amazonischen Regenwald, der schwarze Diener in Südafrika, die weißen Todeskandidaten im Gefängnis von Salisbury in Rhodesien, die Massai-Krieger von Ostafrika, die Gurus auf Gomera in der Finca zwischen Vueltas und Schweinebucht, die Fürstlichen von Monaco, die Schönen und Reichen in der Villa d'Este am Comer See, die Obdachlosen am Bahnhof Zoo in Berlin, die Globalisierungsgegner von überall, der Buschauffeur auf der Fahrt zum Bahnhof nach Winterthur, der einfache Mann von der Straße und auch die Putzfrau von nebenan. HM hat sie alle gesehen und jeden erkannt: *Keiner ist erleuchtet!*
Keine Spur von Vollkommenheit. SCHADE! Nur zu gerne hätte ich über diese Welt etwas anderes berichtet. Aber die Wahrheit hat lange Beine, um den Globus hat sie mich begleitet.
Lieber HM, vielleicht solltest du endlich von deiner Arroganz runterkommen, um dann erst in aller Demut zu den Erleuchteten dieser Welt hochschauen zu können!, sagt jetzt genau jene Leserin, die ihn im letzten Winter auf Gomera nicht zu einem Abendessen ins Dolce Vita einladen durfte.

Ein Mal habe ich eine Erleuchtete kennengelernt: Eine junge Schimpansenfrau in Zentralafrika. Nun lebt sie im Zoo Zürich. Im Monat August dieses Jahres werde ich sie besuchen gehen.
Also, es ist nicht der Sinn des Lebens in die Erleuchtung einzugehen, auch wenn ich schon viele Worte über sie verloren habe. Du gewinnst mehr, wenn du bescheiden bleibst, das Hier und Jetzt als ein persönliches Geschenk annimmst, ohne abzudriften in den Größenwahnsinn der Vollkommenheit, in die Verblendung der Erleuchtung.
Und es liegt nicht in meinem Sinn, den Sinn des Lebens zu bestimmen - jeder hat seine eigenen Sinne. Im Hier und Jetzt zu sein, ist sicher eine feine Sache und auch in aller Munde. Vielleicht sollten wir das Hier und Jetzt globalisieren und es dann als ein neues Weltreich ausrufen, liegt mir noch auf der Zunge. Aber wollen wir uns nicht bescheiden verhalten? Und was liegt näher, als das eigene Verhalten zu hinterfragen?
Jeder hat das Leben nach seinen Wünschen, Bedürfnissen und Vorstellungen abgesteckt - eine mögliche Insel des Glücks. Wer sie erreichen möchte, darf keine Rücksicht nehmen. Er muss eine klare Linie ziehen zwischen seinem Leben und dem Rest der Welt. Die Gefahr geht von seinem Chef, den Arbeitskollegen, den Nachbarn, den fremden Menschen wie auch von seinen Freunden aus. Jedesmal,wenn er auf ihre Ansichten falsche Rücksicht nimmt, sich von ihren Meinungen beeinflussen lässt und dadurch sein Verhalten ändert, verleugnet er sich selbst. Dafür hat er erreicht, dass die Leute nicht schlecht denken oder reden über ihn. Er hat sich beliebt gemacht, gewinnt immer mehr an Ansehen. Jeder will ihn zum Freund haben. So ein netter Typ! Er hat sich angepasst, anderen Erwartungen entsprochen, und sich selbst ist er fremd geworden. Er hat keine Flagge gehisst in einem Meer voller Selbstvertrauen, denn er schwimmt im Strom der Fremdbeeinflussung, und auf dem Rettungsring steht: Wir mögen dich alle!

Dieser selbstbestimmten Fremdbeeinflussung ausgesetzt zu sein, kommt dir womöglich bekannt vor. Du sitzt im Büro, siehst deinen Chef, lächelst ihn an und denkst: A...! Du kommst in eine Kneipe und denkst: Was würde dieser schöne fremde Mann von mir denken, wenn ich mich jetzt an seinen Tisch setzte? Und du gehst raus. Du stehst am Bahnsteig und denkst: Was würde dieser Mensch von mir denken, wenn ich ihn absichtlich berührte. Du gehst einen Schritt weg von ihm. Du liegst am Strand und denkst: Was würde diese Frau von mir halten, wenn ich sie noch einmal anlächle? Du schneidest eine Grimasse.
Wie oft in deinem Leben hast du weggeschaut, und du wolltest hinschauen? Wie oft hast du einen Gruß erwidert, und du hast dich dagegen gesträubt? Wie oft hast du „Nein!" gesagt und hättest lieber mit dem Kopf genickt? Wie oft in deinem Leben wolltest du jemanden ansprechen, und du hast geschwiegen? Was hast du sonst noch so alles in deinem Leben *nicht* angestellt?
Manchmal kann es Spaß machen, sich Gedanken zu machen, was andere über einen denken. Doch wenn du dich von Gedanken anderer Menschen manipulieren lässt, dich gegen deinen Willen entscheidest, grenzt das an Selbstvergewaltigung. Und der Spaß hört auf. Selbstvergewaltigung und Selbstmissbrauch sind die häufigst begangenen Delikte, nur tauchen sie in keiner Statistik auf. Wer gesteht sich schon seine eigene Vergewaltigung ein? Und wer nimmt die Anzeige entgegen?
Wenn du keine Rücksicht nimmst, was andere Menschen über dich denken und reden, entziehst du dich ihrer Fremdbeeinflussung. So kommst du dir selbst nahe und siehst dein Denken, Fühlen, Wollen in einem neuen Licht, in dessen Schein deine Handlungsfreiheit zunimmt. Als Krieger gehst du deinen Weg, wohin er auch führen möge. Zur nächsten Kreuzung? Zur Erleuchtung? Ins Hier und Jetzt? In die nächste Schublade?

Rückblick

Was ist Spiritualität?
Deine Möse verschlingt das Herz
die Liebe entspringt
Dein Schwanz berührt das Hirn
der Geist erwacht
Liebe ist die Sonne
Geist bringt den Strom
Und ewig scheint das Licht

Das Nachspiel

Na endlich!
Jetzt hast du es geschafft, 22 Schubladen entdeckt, und der Krieger des Lichts sitzt auf dem Schrank. Noch eine letzte Reihe von Buchstaben steht bereit, um sich mit dir zu verbünden. Hast du den Baum der Erkenntnis ausgerissen, dich darauf gesetzt und die Flagge gehisst? Und bist du auf der Insel des Glücks angekommen? Oder ist sie vor deinen Augen untergegangen? Sind dir neue Wahrheiten aufgegangen? Bist du von der Apfelbaumpolitik wieder abgesprungen? Um dich im Buchstabensex fallen zu lassen? Und hast du in der Religion des Hier und Jetzt wolkenweich aufgesetzt? Und BSE? Biste-Schon-Erleuchtet? Oder sitzt du immer noch im Misthaufen?

Wer seinen Misthaufen liebt
sitzt auf der Insel des Glücks

HM sitzt in seiner Wohnung in Winterthur und weit weg liegt Gomera. Er schält sich aus seinem bananengelben T-Shirt, am Fenster klebt eine Stechmücke, die ersten Äpfel fallen von den Bäumen und die Sonne schenkt dem Himmel ein Abendrot. Der Sommer ist eingekehrt. Eine Hand gleitet über den Tisch, die letzten Buchstaben setzen sich aufs Papier und seine Gedanken eilen voraus. Morgen geht er in den Zoo Zürich, besucht die erleuchtete Schimpansenfrau. Womöglich weiß sie mehr als HM und wird ihm erzählen, wie Gott, Aphrodite, Buddha und Sokrates im Nirwana über ihn abgestimmt haben. Fliegt er raus? Und wer wird dann in der Erleuchteten Sechserbande seinen Platz einnehmen? Oder werden sich dann die nirwanischen Vier in die Luft jagen? Um sich auf die Erde zu befördern? Oder bleibt er Mitglied? Was HM sicher bleibt, ist sein eigener Misthaufen und ein gewisses Staunen.

DER ROSENGARTEN

Ein heiterer Wegweiser voller Weisheiten

erschien 1984. Das erste Buch von HM, seit 1992 vergriffen.

Wie du weise wirst
Reden ist Blech
Schweigen ist Silber
Handeln ist Gold

Dein Bewusstsein ist ein Salzkorn
Geh jetzt zum Fluss
Wirf dich ins Wasser
und fliess in den Ozean

ESOTERIK KNALLHART

Das erregende Spiel mit den vierzehn erleuchteten Schubladen

erschien 1985. Ein Handbuch für Einsteiger und alle Aussteiger, seit 1994 vergriffen. Dieses Werk zielt auf alle Leser ab, die zuviele esoterische Bücher gelesen haben - oder gar keines.

DER ROSENGARTEN und *ESOTERIK KNALLHART* sind aktuell wie zuvor und beide Bücher werden neu aufgelegt. Sie kosten je SFr 40 / 25 Euro oder beide zusammen 70 SFr / 40 Euro und sind nur im Versand erhältlich.

Du kannst den entsprechenden Betrag in einem Kuvert an den Gomera Verlag, Erlenstr. 77, CH-8408 Winterthur schicken oder auf Konto Herbert Moser, 1100-0466.923 BC 700, Zürcher Kantonalbank 8010 Zürich einbezahlen. Die Bücher werden dir spesenfrei zugeschickt.

Viel Vergnügen!